©Mel Robbins

OH, BABY, YOU SHOULD LOVE YOURSELF

High five yourself. Love yourself. @melrobbins

YES!

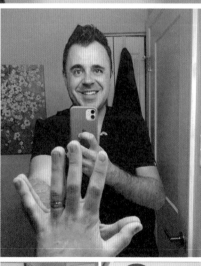

n get up? Are you best that you can? ve yourself that ve you deserve!

@MELROBBINS

headed out to do the
grocery shopping for the
week...
but FIRST!

@MELROBBINS

EE ME, I
AYED

@MELROBBINS

STR
ONG
ER

istle.
OU can do it

another bathroom
high five
@MELROBBINS

# THE HIGH 5 HABIT

## Take Control of Your Life with One Simple Habit

# 調校心態

## 舉起手，伸開 5 指，跟自己擊掌，
## 做自己最強的啦啦隊！全球千萬網友實證的轉念習慣

梅爾·羅賓斯Mel Robbins 著　　謝佳真 譯

獻給克里斯（Chris）、索怡爾（Sawyer）、
肯朵（Kendall）跟奧克利（Oakley）

# 目錄

# PART 3
# 找回突破困境的擊掌精神

# 目錄

# 好評推薦

「『Give Me Five』只要每天對著鏡子裡的自己擊掌，就可以重新調校心態，獲得實現每個夢想的力量！」

—— Vito 大叔，斜槓作家、設計人生教練、夢想日記實踐者

「我們的生活並不總是順遂，我們常會不小心落入自我貶抑、無助，甚至絕望的痛苦漩渦中，與自己『擊掌』將適時地打破這負向的循環，調校我們的心態，擊敗困境。」

—— 張榮斌，臨床心理師（張心理師的運動處方籤）

「這本書分享了許多簡單好用的小技巧，幫助我們看見自己的美好，成為自己最堅強的靠山！」

—— 許庭韶，諮商心理師、人生設計心理諮商所所長、美國 NLPU 高級導師

「改變自己有多難？關鍵，就在於心態。梅爾·羅賓斯在書中揭露了一個驚人的祕密：透過鏡子擊掌激勵自己，就能獲得翻轉心態與人生的力量！這件事聽起來很蠢，不過只要你讀過這本書就會完全改觀。」

—— 劉奕酉，《高產出的本事》作者、企業商務顧問

「嘿，你是否跟我一樣，覺得自己一無是處呢？其實，你沒有自己想得那麼差，真的。不信的話，可以請你借我 3 秒鐘，試著伸出右手，笑著對鏡中的自己擊掌。你會赫然發現，這個世界也微笑回應你。」

—— 鄭緯筌，《內容感動行銷》、《慢讀秒懂》作者、
「Vista 寫作陪伴計畫」主理人

「優秀」不是被愛的原因，而是被愛的結果。完美並不存在，想滿足所有人期待的你，想要的只是愛。調校心態，練習接受不完美的自己，才有勇氣起身行動！

—— 盧美妏，人生設計心理諮商所 諮商心理師

# PART 1

## 小小的擊掌，
## 威力無比

# 第1章
# 一個小習慣
# 改善你與自己的關係

不久前的某一天，我發現一個簡單的道理，我稱它為**「擊掌習慣」，可以幫你改善這輩子最重要的人際關係 ── 你與自己的關係。**我會與你分享我發現的經過、科學證明，以及如何運用這個習慣，讓你的生命轉彎。

一切始於某天早晨，我站在浴室裡刷牙，瞥見鏡中的自己，心想：噁。

我不留情面地挑剔起所有我不喜歡的部位：眼底的黑眼圈、尖尖的下巴、右側的乳房比左側小、鬆垮的肚皮……。我腦子裡冒出各種想法：我看起來好糟糕、我得多多運動、我討厭我的脖子……。冒出的每個念頭，讓我更嫌棄自己。

我看了看時間，發現再過 15 分鐘就是我的第一個 Zoom 線上會議，於是我告訴我自己：「以後一定要早點起床。」我又想到各種待辦事項：我努力要敲定的生意、還沒回覆的

電子郵件和簡訊、還沒遛的狗、老爸的切片檢查報告、今天得幫孩子們辦好幾件事……。種種瑣事讓我一個頭兩個大，而我現在連內衣都還沒穿，咖啡也還沒喝。我只想吶喊：「啊！」

那天早上，我好想給自己倒杯咖啡，癱在電視機前面，忘掉一切煩心事。但我很清楚不可以，因為沒人會飛奔而來，替我解決問題，或代我完成清單上的事務，代替我做運動，甚至是代我搞定工作上那不得不啟齒的艱難對話。

我只想……從該死的生活中……喘上一口氣！

那幾個月彷彿身處地獄，壓力片刻不停歇，我忙得焦頭爛額，全心全力在照顧並擔心自己以外的每個人、每件事，但誰來照顧我？我相信你多少可以體會這種心情 —— 當生活上的要求越積越多，你的心態卻崩潰了，這時會陷入無限的低潮迴圈。

我需要有人告訴我：

「你想得沒錯，這很辛苦。」

「你不應該受到這種待遇，這不公平……」

「要說誰應付得來，當然是你。」

這些才是我想聽的話，我需要安慰與精神喊話。

儘管我是一名世界一流的勵志講者，在這時我卻想不出要跟自己說什麼。

當時的我不曉得哪根筋不對勁，也不知道為何那樣做，沒來由地，我站在浴室，身上穿著內衣，舉起手，向鏡子裡那個疲憊的我潦草地致個意。這一刻，我什麼都不想，只想和自己說：「我看見妳了！我看見妳了，我愛妳。好啦，梅爾，妳行的。」

擺出那個姿勢以後，我才意識到，向自己致意的舉動，其實就是「擊掌」。明確可辨，跟握手一樣常見的動作，絕不會誤認。

我們在生活裡一定有擊掌的經驗，別人也會跟我們擊掌，次數多到數不清。或許那些擊掌有一點矯情，但我站在浴室，用最狼狽的樣貌，倚著浴室的洗臉檯，跟鏡中的自己擊掌。

我半個字都沒說出口，行動卻告訴了自己迫切需要聽的話。我在安慰自己，我什麼事都做得到；我在鼓勵鏡中見到的女人抬頭挺胸，再接再厲。當我的手觸及鏡面，摸到鏡中

人，精神為之振奮。「**我不孤單，我還有我**」，一**個簡單的表態，一個給自己的善意舉動，是我需要的對待，而我受之無愧。**

在那當下，鬱悶的胸膛頓時舒展開來，我挺起肩膀，咧嘴笑起：「擊掌也太老套了吧！」但突然間，我檢視自己的狀態，看來沒那麼疲憊，感覺沒那麼孤單，待辦清單似乎也沒那麼嚇人了。我有勇氣展開一天的生活了。

隔天早晨，鬧鐘響了。壓力和焦慮迎面而來，如往常般感到一個頭兩個大。我起床，整理床鋪，接著走進浴室，鏡中的我就在那裡，彷彿說著：「妳好呀，梅爾。」我想都沒想就綻出笑容，發現我又對著鏡子跟自己擊掌。

第三天早晨起床，我察覺自己會想去鏡子前跟自己擊掌，還滿心期待。我知道這聽起來很做作，但卻是真的！我整理床鋪的速度比平時快一些，帶著沒人會在清晨 6:05 就燃起的熱情踏進浴室。只有一句話能形容我的感受：

感覺就像即將見到朋友。

那天，我回想起自己這輩子的擊掌經驗，聯想到年輕時參加的團隊運動，想起以前跟閨蜜們參與的路跑，想起在波

士頓芬威球場（Fenway Park）觀賞棒球賽，當紅襪隊（Red Sox）得分時，整座球場爆發的擊掌熱潮。想起當朋友升職、跟廢物分手、打牌打贏了……，在這些時刻，我都會與人擊掌。

這也讓我想起我人生中的一個精采時刻：2001 年，我參加了紐約市馬拉松，當時造成 2,977 人殞命和雙子星大樓（Twin Towers）崩毀的 911 恐怖攻擊事件，才剛過 2 個月。

42.195 公里的比賽路線繞行紐約市的 5 個區，觀眾把人行道擠得水泄不通，觸目所及的每棟樓房、每個窗戶都懸掛著美國國旗。

要不是 42.195 公里的跑道兩側，人山人海的觀眾都跟我擊掌、為我加油，否則只有我孤軍奮戰的話，我根本不可能會有特種部隊般的耐力跑完全場。平常我拎著菜爬兩層樓梯就氣喘吁吁了，再加上當時我是新手媽媽，帶著兩個不到 3 歲的小孩做全職工作，根本不曾為路跑做過完善的訓練（我連跑鞋都還來不及穿到服貼）。

跑完一場全馬是我一直以來的心願，因此既然爭取到參賽機會，便下定決心要去跑。有好幾次我的膝蓋發軟、膀胱無力，而我的心在苦苦哀求：不行啦，我做不到。有時候，

我慢到步履蹣跚，後悔怎麼沒有更努力訓練？怎麼不提早兩週買雙新跑鞋呢？

跑到快一半時，我想從補水站的志工那聽到他們附和我，說我應該放棄，但他們一點都不聽話。「放棄？現在？你都跑這麼遠了！」他們的鼓勵打消了我想放棄的念頭，我提腳繼續跑。

## 你比自己想的還要堅強

我能跑完那場馬拉松，唯一的原因是沿途一直鼓勵我、幫我喝采的人們，激勵的聲音不曾間斷。要是我聽從腦袋裡的聲音，根本跑不到一半，在我腳上的水泡破裂，每一步都痛得要命時，就舉白旗了。

有人為你加油打氣的滋味真的很美妙，所以我才能集中精神，控制住身體的行動。在擊掌的灌溉下，我相信即使是自己從沒做過的事，也能辦得到。

當我全身的力量將用盡，喘得上氣不接下氣，眼睜睜看著其他跑者大步跑到我前方，是那些陌生人的擊掌，讓我沒有放棄。這就是關鍵所在：**擊掌不只是手拍一下那麼簡單，**

而是一個人將精力與信念傳遞給另一個人，使你內在的某種力量甦醒，你會記起某種已被拋諸腦後的情緒和感受。

每一次的擊掌彷彿在說：「我對你有信心！」我也對自己產生了信心，相信自己有繼續向前的能力，一步接一步，堅持 6 小時，直到我通過終點線，達成目標。

人生與跑馬拉松之間有不少相似處。兩者都很漫長、值回票價，有時激昂，有時痛苦。如同陌生人的擊掌為馬拉松帶來的力量，假如你每天早晨醒來，都能提取相同的擊掌能量，來鼓舞自己前進，伴你奔過慌亂忙碌的每一天，生活會有怎樣的變化呢？

挑剔自己對你有實質的助益嗎？

如果可以拋開挑剔，學會鼓舞自己前進，如此度過人生的每一天、每一週、每一年，一步步朝著目標與夢想前進，那會如何？

想像你就是自己的頭號啦啦隊、粉絲、支持者，那會怎樣？難以想像，是吧？其實不難的。

老實回答我一個問題：你有多常給自己加油、喝采？

我敢說你剛才的結論跟我一樣 —— 幾乎從來沒有。

為什麼不為自己加油呢？既然備受疼愛、鼓勵、讚美的滋味如此美妙，既然那股力量能支持你走下去，協助你達成

目標,為什麼不自己來呢?


# 先幫自己戴好氧氣面罩

　　「先幫自己戴好氧氣面罩!」這句話,我們一定都聽到耳朵長繭啦!但是坦白講,我還真不知道如何在日常生活裡做到。然而對著鏡子擊掌打開了我的眼界,原來我可以將自己放在第一位。你得幫自己加油喝采,直到你將自己擺在第一順位,因為你也是這樣子鼓勵你以外的每個人,讓他們走向第一。

　　你支持和祝賀別人的本領和力量是多麼強大。你為自己最心愛的運動隊伍加油,購買每場賽事的門票。追蹤你最欣賞的演員,為他們的演出起立鼓掌。你追尋意見領袖的建議,選用他們推薦的產品。你關注各大品牌服飾系列。你追蹤喜愛的音樂人,細數他們全部的成就和贏得的無數獎項。

　　你也不遺餘力地支持與鼓勵生命中每個心愛的人,伴侶、子女、好友、家人、同事。你為家人籌辦生日派對與慶祝活動。攬下額外的工作支援已經被壓垮的同事。你鼓勵著朋友做第一個為他們打氣的人,告訴他「你真好看」。你接

受他人的提議，加入推銷健康食品的副業（我就拿一年的分量吧）。你鼓勵自己以外的每個人去追求目標與夢想，包括你剛認識的人。當瑜伽老師提起下一期的師資培訓認證課程，你毫不遲疑地鼓勵同學：「你要報名嗎？你應該去的！你的下犬式很漂亮。」

我們如此會讚美別人、鼓勵他人，但說到讚揚自己、鼓勵自己，不僅很少做到，還老是反著來：抨擊自己，看著鏡中的自己，凶巴巴地挑毛病。詆毀自己，駁斥自己的目標與夢想。你會為別人兩肋插刀萬死不辭，然而你卻沒有這樣對待自己。

 **調校心態**

鼓勵自己的時候到了，因為你當之無愧，也因為你需要。

要建立自我價值，培養自尊、自愛、自信的第一步，必須先在你的內在建立這些特質，所以我要你在展開每天的生活之前，對著鏡子擊掌，這是你應該養成的習慣，並且應該天天練習，去體會擊掌的力量。而養成擊掌習慣是調校心態

的起點，它不僅是一個舉動，更是一種對人生的態度、一種心態及處世之道、一種重設腦中潛意識模式的策略。

我會分享我的研究、科學原理、個人化的經歷，以及擊掌習慣為世界各地人士帶來的實際成果。你會在本書看到很多人的成效，藉此向你證實並激勵你用各種酷炫的方式跟自己擊掌。要掌握你的人生，就從你的每一天開始做起。

在這過程中，你會學到如何辨識讓你精神萎靡的想法與念頭，例如：罪惡感、嫉妒、恐懼、焦慮、沒安全感……。更重要的是，你會學到如何將那些負面的思考翻轉成新的思維與行為模式，拉你自己一把，讓你繼續前進。當然，這些內容我會一一拆解，為你示範做法，講解科學研究給你聽，證實這些做法有效，我甚至會陪你度過每一天（看下去就知道了）。

擊掌帶來的效果，不僅僅是讓你懂得如何快樂地起床，不只是在你低落時讓你振作起來，不光是讓你亢奮地迎接生命中最盛大、最興奮的時刻。想要做到這些，看完這本書，你就會學到方法。

這關乎理解並改善你在世界上最重要的人際關係 —— **你與自己的關係**。在本書中，會帶你認識自己最根本的需求，提供滿足這些需求的方法。也有已經證實有效的心態策略，

協助你度過每一刻。不論是人生的高潮或低潮，還是生活中的起起與伏伏，你看見的那個鏡中人絕對不會放棄你。

## 你如何看待自己，就會如何看待世界

在本書撰稿期間，我對「擊掌」有很多思考，想得深入，想得全面，大概超過任何人提到擊掌時會去設想的分量。如今，在落實擊掌習慣之後，我察覺自己將人生的 10 年，用在嚴格挑剔鏡中的自己，總是對鏡中人無感，甚至無視鏡子裡映照出的那個女人。想想我是做哪一行的，這實在很諷刺。

我是世界上演講邀約名列前茅的勵志講者，也是暢銷作家，我的工作是在你需要協助時，提供工具與鼓勵，讓你能改變人生，傳達著「**我對你有信心，你也要對自己有信心**」的訊息。

認真停下來思考這件事，我工作的本質就是擊掌，不論是在台上、在書中、YouTube 影片、線上課程、社群媒體貼文，我分享的一切、我做的每一件事，用意都是告訴你：我對你有信心、你的夢想很重要、你辦得到的、堅持下去。

我一直都在跟你擊掌！

　　儘管過去的日子我一直在跟你擊掌，但事實上我並不擅長跟自己擊掌，甚至可以說我是自己最惡劣的酸民（我敢說你也是）。直到最近，我開始跟自己擊掌，從面對鏡子伸出手開始，逐漸變化出許多象徵性的擊掌方式，事態終於開始明朗。一旦你學會如何看見自己、支持自己，當你遇到自己心情低落的時刻，你會越來越容易察覺，然後便可以翻轉低潮為更有力、更樂觀的心態。恢復正向的心態以後，便會有動力去採取正向的行動，繼而改變你的生命。憑藉這一股擊掌帶來的能量與態度，想做什麼都做得到。

　　當我開始跟鏡中的自己擊掌，並改變對鏡子的看法，那不只是在低落日子裡，強迫擺出的鼓勵行動和姿態，反而完全顛覆我的自我批評與自我厭惡，也改變了我看待自己人生的眼光，使我的生活有偌大的改變，我與生命中最重要的那個人 —— 我自己，有了嶄新的連結。我看待自己這個人、對自己可以做的事，都有了新的思維和角度。我因此受到啟發，開創出體驗人生的全新方式。

　　所以我寫了這本書。

# 善待自己從面對鏡中的自己開始

在這個世界中，最強勁的力量是鼓勵、讚美與愛，但我們卻不給自己這些力量。

也許你很難去愛自己，覺得再怎麼努力都改變不了自己；也許你是戰無不勝的強者，卻不能真心享受人生，因為你只看過程哪裡出了差錯，不看哪裡不順心如意；也許你的過去遍布別人帶給你的傷痛，或是你造成別人的傷害。

不論你曾經歷了什麼，我要你看見真相：美麗人生就在你眼前，然而你看不見。大好未來正等著你駕馭和開創。你最強的盟友、神助攻、祕密武器，現在就在鏡子裡看著你。如果你要在人生闖出一番名堂，或者只是想要活得更快樂，那你起床時，就一定要開始好好升級你對待自己的待遇。別再跟以前一樣啦！**善待自己，就從你與自己隔著鏡子面對面的那一刻開始。**

 **調校心態**

無論你發生了什麼事，我希望你能看見真實。

問問自己，你希望自己的人生有什麼感受。難道你不想要有擊掌的人生嗎？擊掌的婚姻生活、擊掌的工作？難道你不想成為給予擊掌的父母、朋友？難道你不渴望被人看見、被人肯定？不想感受擊掌給你的力量，與堅定不移的信念，帶給你動能、推著你前進嗎？

你當然想啊！這就是本書的宗旨：**對自己產生信心並讚美自己**。當你能夠相信並讚美自己，你想做什麼、想成為怎樣的人都行。這會引爆連鎖反應，除了能幫助你建立前進的動力、一同歡慶，還能淬鍊出你與自己的信賴情誼，沉浸在喜悅的高昂能量中。

## 你不為自己加油，還有誰會幫你？

如果你想要更多的讚美、肯定、愛、接納、樂觀，你一定要練習自己給予自己這些感受。這必須要從你做起，如果你不幫自己的夢想加油喝采，還有誰會呢？如果你看著鏡中的自己，看不到一個值得你愛的人，別人又何必愛你？**當你學會愛自己、支持自己，你生活中的每一段人際關係都會相對地愛著你，雨露均沾；當你可以優先讚美你自己，幫別人**

歡呼、加油時，就會更響亮，你的朋友、同事、家人、鄰居和伴侶，都會感受到你的力量。原因在於，你不先為自己付出，就不可能真的為別人付出。

## 一個簡單的舉動有深遠的影響

從字面上來看，擊掌這個動作似乎很簡單，可能還簡單過頭了，因此請容我補充說明。

擊掌雖然是個簡單的舉動，它產生的影響卻深刻且多方面，潛意識、心智與神經路徑都會透過擊掌而有所變化，並影響深遠。這些變化，會比你在浴室鏡子上蓋滿的手印更持久。一開始，擊掌只是你的一個舉動，但久而久之，擊掌所象徵的認可、自信、讚美、樂觀、行動力，會融入你的本質，成為你的一部分。

我領悟了以前不曉得的道理。你可以努力向上，同時溫柔地對待靈魂，你可以去冒險、搞砸所有事情、學到慘痛教訓，卻不必用羞愧埋葬自己。你可以雄心萬丈，同時以溫柔的善意待人待己。你可以面對生命中極其艱難、未知的情境，一邊用加倍的樂觀、韌性與信心撐過。當你不再為自己

的情緒和感受斥責自己，心裡會立刻舒服一點。

　　只有當你學會了如何加油喝采、鼓勵、支持自己度過高潮與低潮，你才會自然而然地停止掙扎與責備怪罪，生命便會朝著你本該走的方向前進。要是你停止苛待自己，事情會輕鬆許多，人生會變得加倍美麗。別老是在精神上把自己貶得一文不值，人生的高潮是多麼地值回票價。


## 隨時隨地得到最激勵人心的力量

　　不用等到一年後，不用等你升職、減肥、實現目標後，也不必等你擔當得起歡呼喝采，就以你的現狀，就在你的所在之處，就在此刻，就從今天起。不僅受之無愧，也需要這樣的積極舉動，這會滿足你最根本的情感需求：被看見、被聽到、被認可。不僅如此，根據研究，受到鼓舞、信任、讚美的感覺，是世界上最激勵人心的力量，當你得到這樣的支持，你會因此蓬勃發展。

　　我相信只要在每天的生活中，融入讚美與樂觀的習慣，積極主動地為自己加油喝采，即使是起床準備好展開一天生活，這樣的小事都養成支持自己的習慣，你會突破每件絆住

你腳步的事，改變人生，達成個人成就。

那正是我的親身經歷。

在我與鏡中的自己擊掌幾週後，這個簡單的習慣深深改變了我，過去我一直在意的某些缺點，現在不再專注了，也開始意識到，外表是我這個人最無趣的部分，最美好的部分正是我的內在。

## 照鏡子不再只是反射你的外貌

現在的我，早晨一睜開眼睛，便會興奮地去浴室見鏡中的自己。在早晨見到鏡中的自己，這件事已經超過 50 年，過去的我根本不會如此期待，這也是跟自己擊掌後的另一個變化：**你看到的不再是血肉之軀，而是會看到內在的那個你，看到的是你這個人和你的生命所代表的一切。**

現在照鏡子這個舉動，不再只是反射你的皮囊和樣貌，而是告訴你「你存在在這」，讓你跟自己的存在打招呼，就像跟鄰居揮手打招呼般，在每天早晨抬起手對自己說：「嘿！我看到你了！你行的，我們一起做吧！」這一切大大影響了我的心情、我的感受、我的動力、我的韌性、我的態

度。以前，我總是像推著大石頭上山似地展開一天。現在，我每天早晨走出浴室，都覺得順心如意。

當我對著鏡中的自己抬起手，可以感覺到與自己的連結漸漸增強。

有一天，跟自己擊掌的滋味實在太爽了，我便拍下自己擊掌的照片，張貼在社群媒體上，我們做意見領袖的人經常分享愛、分享生活、分享理念與態度。

我沒有配上說明文字，也沒解釋，連標籤都沒附上，只是隨手在社群 Instagram 發了一則限時動態，貼出我對著浴室鏡子跟自己擊掌的照片，然後就去忙我的了。

收到回響後，才發現原來在這個星球上，不是只有我需要在那一天來個擊掌。

# 第 2 章
# 有沒有效？科學研究掛保證

　　這是我在社群媒體分享的第一張擊掌照片（見圖表 2-1）。

**圖表 2-1** 梅爾第一天在 Instagram 發布的擊掌貼文

注意，沒有文字解釋我的舉動，只有我站在那裡（幸好不是只穿著內衣）。當時我的牙齒維持器還戴在嘴裡，頂著剛出爐的雞窩頭，對著鏡子跟自己擊掌。

不到一小時，我收到世界各地粉絲的標記，和我分享他們對鏡擊掌的照片。我目瞪口呆，不論男人、女人、小朋友還是爺爺奶奶們，在上班前、上學前、展開一天的生活前，不分年齡、背景，大家都會抽出片刻時間，給鏡中的自己加油喝采。

那是我在社群分享的第一天。

那時的我完全不曉得擊掌習慣會掀起潮流，也不曉得有那麼多的人，因此改變對自己的看法，改變了自己的人生。

最初幾天，我收到許多照片（見下頁圖表 2-2），看看這些照片，每個人都透過擊掌展現出力量與熱忱。**擊掌不花你半毛錢，卻為你帶來了無價之寶：一個自我認可的時刻，並提醒你仍然屹立在那裡，仍然綻放笑容，不管今天發生什麼事，你都是自己最堅強的後盾。**

從這些照片中，可以發現與自己擊掌的人有那麼多，其中有一位還是在家暴庇護所的浴室。不論你人在哪裡、跟

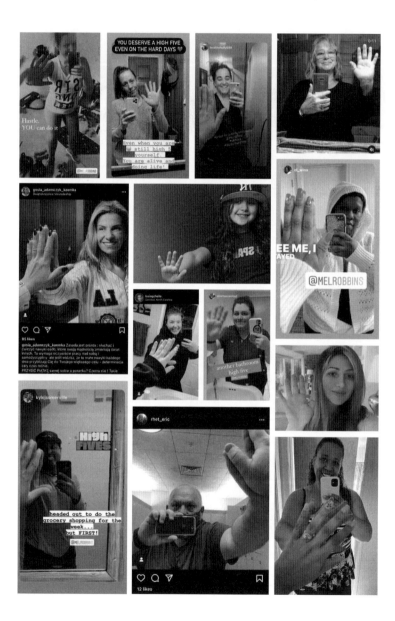

圖表 2-2　世界各國的粉絲響應擊掌習慣

誰在一起、面臨什麼事，不論是富有或平凡，你都還有你
自己。

　　這些在社群上標記我的照片，我通通都愛看，因為那讓
我覺得，也許擊掌這件事不是太做作，也讓我豁然開朗：不
只有我每天都需要跟自己擊掌。

## 甩掉潛意識的負面想法

看到那麼多人都和我一樣，透過與鏡子擊掌激勵自己，我很好奇其中的原因，所以我開始尋找答案，這是我每次想要搞懂某件事情時，一定會做的事。想知道這麼矯情、這麼簡單的事，怎麼會如此厲害，而且渲染力十足？

首先，我聯絡了在社群上發布擊掌照片並標記我的人，與他們對談後，證實了我們都在這過程中經歷到美妙的事：**在跟自己擊掌時，你不會去想自己哪裡不好。**

試試看，這是真的。

當你注視鏡中的自己，舉手讚美自己時，「我看起來好肥、我是魯蛇、我壞死了、我討厭自己的肚子」這些負面的想法不可能會占據你的腦。我試過在碰觸鏡子時說：「我討厭我的身體。」當我說出這句話，我笑場了，根本辦不到，打死都不會有負面的念頭，因為在你這輩子裡，**跟別人擊掌一向都跟積極正向有關，當你揚手跟自己擊掌，潛意識會立刻甩掉腦袋裡那個愛批評的傢伙，美好的感覺會席捲你。**

你也不可能一邊跟自己擊掌，一邊煩惱你的待辦清單、擔心洽談公事的電子郵件、焦慮任何今天要做的事……，因為擊掌實際上就是在鄭重地檢視當下，它會拉著你立刻專注

於當下這一刻。試著想想看，天底下最糟的莫過於一個沒有力道的擊掌，或是手部沒有完整碰觸到對方的擊掌。要給出優質的擊掌，一定要專注在行動與意圖，必須全然投入當下。當然，跟自己擊掌也是如此。

你的慣性憂慮，通常從你刷牙時就開始挾持你（比如：我要快點做完報告，送媽媽去看醫生），但因為你舉起手的舉動，憂慮靜默下來，終止精神上的死循環，你會開始聚焦「我看到你了、我信任你、我在這裡陪你、你行的」。

## 不只是一個動作，更是一種自我認同

我不在乎你穿著四角內褲、破爛的睡袍、運動服，甚至是一絲不掛地站在那裡，當你啪的一掌拍在鏡子上，你會覺得有人看見你、聽見你、懂你。

就在你的手碰觸到鏡子的當下，不僅心情會轉換，觀點也會有所改變，你會想到今天要做什麼更有格局的事。假如你站在鏡子前，漫不經心地想一遍待辦清單，這正是你精神一蹶不振的原因，你開始聚焦在自己以外的每個人、每件事。但是當你練習擊掌，你想的是自己。要為自己做哪些

事？今天要展現什麼樣貌？你要做怎樣的人？有什麼為自己做的個人計畫需要推動？

主動反思的一刻會比你想的更有威力。美國哈佛商學院（Harvard Business School）最新研究發現，懂得抽出片刻時間反省自身工作狀態的人，工作表現會進步，做事也更有效率、更有動力。擊掌帶來的效果，不論是達成目標的信心，還是提升工作生產力，都在影響範圍內。這一切都始於一個樸實無華的「反思」。

維持這個習慣幾個月後，我發表了更多相關的貼文，談論養成擊掌習慣的事，這股風潮便迅速拓展到世界各地。每天我都能聽到大家回饋擊掌帶來的效果，跟我分享他們把這一招傳授給同事、小孩、朋友、家人。企業界也關注著這股風潮，詢問我能不能為他們公司的團隊演講。

過去一年來，我在世界各地的演講活動中，向將近 50 萬人講述本書中的研究與工具，我萬分肯定本書中的簡單習慣與調校心態的工具，將會改變你的人生，**因為那會改變你。**

# 比口頭稱讚有效的肢體動作

擊掌具激勵人心的力量，有詳盡的研究及文獻紀錄。研究人員觀察孩子們面臨艱鉅的挑戰或任務時，最能夠激勵他們的方式是擊掌。當你得知研究結果，一定也能了解到擊掌的力量。

研究人員將學齡孩童分成 3 組，請孩子們完成困難的任務，在完成任務的過程中，研究人員會用三種方式鼓勵他們：

1. 稱讚他們的個人特質（像是你們好聰明或你們很有天分）。
2. 表揚他們的努力，然後讚許他們很認真。
3. 跟他們擊掌。

研究顯示，擊掌帶來的拚勁無疑是最大的，反而聽到讚許腦筋好、有天分、技巧高超的孩子們最提不起勁，也做得最不開心。

因為努力、投注心血而得到讚美的孩子，容易樂在其中，也比較鍥而不捨。只得到擊掌的孩子，儘管他們犯了

錯，他們仍最肯定自己和自己的努力，堅持的時間也就最長久（鄉親啊！這就是恆毅力）。

由於研究結果實在非常明顯，因此當研究人員在學術期刊《心理學前線》（Frontiers in Psychology）發表研究報告時，標題便下了〈擊掌激勵人心〉（High Fives Motivate）。

研究結論是：當你給別人一個擊掌，你們是在「一起慶祝」。舉手的動作搭配燦爛的笑臉，是兩個一目了然的訊號，代表真誠、與有榮焉和鼓勵。**擊掌是你和另一個人在慶祝，你將自己的能量傳遞給別人，這跟被動的口頭誇獎很不一樣。**

別人跟你擊掌時，表示有人看見你了，他肯定你生而為人的身分，不為你的技能、你的努力或你的成績，純粹是因為你這個人，而給予讚美與肯定。

我想告訴你，當你向鏡中的自己擊掌，你可以汲取同等的力量，並且一個字都不用說，因為擊掌本身便足以傳達讚美與信心。

複誦「我愛自己」之類的真言與陳述，可以很有效果，但研究證明，你需要由衷相信自己說出口的真言，否則頭腦會找出反駁的理由（第 7 章會教你如何建立「有意義的真言」，也就是頭腦會認同的正向宣言）。而頭腦不會排斥擊

掌，是因為在大腦的認知中，擊掌的對方一定是你相信的人。

**擊掌不是被動的口頭讚美，而是主動的肯定，當你跟自己擊掌，你是在向大腦證明「我是會幫自己加油喝采的人」。**透過實質行動，你加入自己的陣營，正視自己，信任自己。

當布莉姬（Brigid）開始日日操練擊掌習慣，她有了更深的領悟：

> 在心裡跟自己說正向的話是一回事，真情流露又另一回事！真情讓好話更具意義，強化了擊掌的行動，幫助你真正相信自己和個人價值。俗話說得好，行動勝於雄辯！

## 成為冠軍球隊的指標

擊掌能幫你建立對自己的信任，相信自己具備在人生中勝出的能力。

加州大學柏克萊分校（UC Berkeley）研究人員針對美國職籃球員的成功要素進行研究。賽季開始時，研究人員記錄

調校心態
The High 5 Habit

球員們互相鼓勵的頻率，像是擊掌或拳頭相碰，並以擊掌次
數為依據，猜測賽季結束時，哪一支球隊會打出最佳成績。

最後打進錦標賽的優秀隊伍，便是在賽季開始時擊掌次
數最多的隊伍。為什麼擊掌可以做為精準預測勝利的指標？
原因在於信任。時常擊掌的隊伍會持續提升球員間的士氣，
透過擊掌的肢體碰觸，傳達著「我罩你、我們上吧、我們行
的」等正向訊息。**擊掌能協助你放下失誤、振奮心情、傳遞
隊員間的信心，並提醒你：你依舊能贏。**

觀察並分析會彼此擊掌的球隊，可以看出球員們對彼
此有信心，也信任著整支球隊的能力。他們打球時運用的策
略，是需要互相信任的隊伍才能做到的，憑著一切盡在不言
中的集體力量，他們所向無敵。

反之，墊底的球隊幾乎沒有肢體碰觸、沒有肢體語言、
不擊掌，什麼舉動都沒有，也可以明顯地看出，他們打球的
策略始終如一地自私、沒有效益，這些全反映在他們的成績
上。即使有著最優秀球員的球隊，也不足以贏球。

想像在你練球的每一刻、在整個賽季，直到贏得錦標
賽，全程都在擊掌。歡慶與鼓舞的球隊文化會提振你，使你
無私地全力以赴。我們每個人都需要這種感覺，你可以跟自
己建立如球隊般的夥伴關係與動力。

# 打造黃金團隊的關鍵

擊掌不僅適用於運動，在職場上也需要有人看見我們、支持我們、讚美我們。

谷歌（Google）曾經進行一項耗時 3 年的研究——「亞里斯多德計畫」（Project Aristotle），目標是發掘打造黃金團隊的關鍵。他們得到與前述研究相同的結論：凡是表現優良的團隊，不管是在工作上或生活上，團隊中的每一位成員都覺得受到正視，心聲都有人聽見，而且可以信任成員，他們皆擁有所謂的「心理安全」（psychological safety）。當你感受到別人會挺你、會鼓勵你，你會變得能屈能伸且樂觀，也會營造出信任與尊重的氛圍。

更進一步分析，研究顯示一個人能不能樂在工作、感覺工作有意義，最關鍵的要素並不是你的工作表現是否優異，也不是你能拿到幾天的年假，甚至不是公司給你多少酬勞。而是取決於你有沒有一個關心你、願意跟你擊掌的經理，會照顧你、信任你，也是你能夠信任的人。當你在職場，你一定會想要有人看見你、賞識你，讓你感覺自己很重要。

向鏡中的自己擊掌，就能夠將同樣的訊息傳遞給你自己！如果上班時得到主管肯定，會讓你迎接美好的一天，那

你從現在開始天天肯定自己，豈不是能得到同樣的效果嗎？


## 為什麼光是擊掌就能改造大腦？

雖然已有科學研究可以證明擊掌能激勵人心、給人力量，但我沒有就此停下腳步。在我真正確定擊掌能夠締造改變之前，我不會請你在只穿著內衣褲、最邋遢的早晨，對著鏡子跟自己擊掌，還宣稱這樣可以翻轉你的生命。我一定要弄懂為什麼擊掌能夠從結構上改造大腦，那正是我的真實體驗，才短短幾天，我的頭腦便不再聚焦於我的「瑕疵」了，反而看見了自己，於是我停止挑剔自己。

為了找出答案，我開始鑽研「腦力體操」（neurobics）的領域。美國杜克大學（Duke University）神經生物學家羅倫斯·凱茲（Lawrence Katz）發現，要在大腦建立新的路徑與連結，最簡單也最有效的方法，便是採取腦力體操的介入手段。

腦力體操的例行活動（比方說：看著鏡中的自己）必須具備 2 個要件：

1. 一件涉及感官且意料之外的事（如：對著鏡子擊掌）。
2. 你想要感受到的情緒（如：讚美）。

　　腦力體操可以讓大腦馬上專注，創造出某種「大腦養分」，使大腦更快學會新的習慣。這種專注的狀態會在腦中建立新的神經連結，將行動與你渴望的感受串聯在一起。做法是，將一件熟知的舉動（擊掌），以出乎意料的方式執行（跟自己擊掌），大腦就會警醒。

　　例如：當你用非慣用手刷牙時，重複一個念頭便可以強迫大腦特別留意那個訊息。因為在使用非慣用手時，大腦會集中注意力，聚焦在當下發生的一切，包括刷牙時說的話。這樣的專注力會讓你精確地記住那句話，以及那句話引發的感受。在這個過程中，大腦將體驗到的感受與新的動作習慣（以非慣用手刷牙）連結在一起。

　　養成擊掌習慣的道理也差不多，當你與鏡中的自己擊掌，因為你平時不會這樣做，大腦會集中注意力。而我們對擊掌已經累積久而深遠的正向聯想，大腦就會將正向的感受連結到你的行動。

　　大腦喜歡仰賴這樣的心理捷徑。如果你看見自己就冒出自我懷疑與自我厭惡的感覺，要趕快推翻這種模式，替換成

*The High 5 Habit*

愛自己、接納自我的感覺，而擊掌習慣便是最快、最簡單的
方法。

## 翻轉你對自己的預設想法

我很快便意識到，在我兒子奧克利（Oakley）身上，我
曾經見識過腦力體操的威力。

在奧克利國小四年級時，幸好及早察覺到他有閱讀障
礙及書寫障礙，這兩者都是跟語言有關的學習差異，我們便
送他去就讀專門為學習障礙學生開設的卡羅爾學校（Carroll
School）。

我去聽過說明會，老師跟我介紹，這所學校屬於麻省理
工學院（MIT）神經科學研究室，是一項仍在進行中的研究
計畫。他們設計一套方案，刺激閱讀障礙的學生發展出新的
神經路徑。

人會出現閱讀障礙，是因為多條連結大腦兩側的神經
路徑尚未形成，大腦內部白質發育不全只有灰質\*。而學校透

---

\* 中樞神經系統由構造與組成分為灰質（gray matter）與白質（white matter）。
白質生長的時機與成熟程度，會影響到學習、自我控制與精神疾病。灰質是
中樞神經系統對資訊進行深入處理的部位。

過腦力體操的介入，促進新的神經路徑與心理彈性（mental flexibility）。我想那大概就像借電發動車輛，在大腦裡的電瓶需要一點神經火花才能啟動。

學校有一個訓練，在一塊布滿小燈泡的巨大板子，中間有一條線劃分出左右兩側。當板子上的燈泡亮了，奧克利必須伸手去摸，以鍛鍊他的靈活度。但棘手的是，他得用左手碰觸右側的燈，用右手碰觸左側的燈，藉由這個訓練，將「碰觸正確的那一側」的想法，與「將手臂移到反側」的實際行動串聯，就能鍛鍊心理的靈活度，同時改變他的大腦結構，製造出新的神經路徑。

擊掌習慣也大致如此。前文提到，當你以不尋常的方式移動手臂（與鏡中的自己擊掌），你跟平常做不一樣的事，大腦就會密切注意你。不論是你跟別人擊掌或別人跟你擊掌，擊掌都有著正向的聯想。

在你潛意識中已經設定擊掌就是和讚美、信心或無限的可能性相關，因此當你對著鏡中的自己舉起手，你的潛意識也正在告訴你：「我是值得稱讚、值得相信的人，我什麼都做得到。」

你越常重複這個行為，大腦越會將自信與歡慶串聯鏡中的自己，逐漸翻轉你對自己的預設看法，由負轉正。同時，

你也在重新設定潛意識，讓它停止批判你的鏡中形象，開始
愛自己。

## 養成對自己慈悲的習慣

透過許多資料的證明，我已經相信對鏡中的自己擊掌
是真的可以建立新的神經路徑，有效強化自我尊重、自我價
值、自我信心，但我仍然想要確保考據是萬無一失的。於
是，我打電話給一位世界頂尖專家，鑽研大腦如何學習新資
訊與習慣的神經科學家茱蒂·維莉絲（Judy Willis）。我告
訴她，擊掌習慣如何讓我的生活有了顯著的變化，這不僅僅
發生在我身上，數百位跟我分享過經驗的人們也感覺有效。

她說明大腦可以改變（她的獨到見解會穿插在全書各
處。我等不及你閱讀第 13 章，關於神經系統如何影響認知機
能的運作，以及如何善用迷走神經的妙處）。她認為我做的
簡單練習，確實能在腦中建立一個正向且嶄新的自動化行為
和信念，並開創新的神經路徑。如果擊掌習慣能在我腦中建
立新的神經路徑，那它也能改變你的大腦。

她對擊掌習慣的認證相當重要，因為凡是你重複的念

頭，都會成為你預設的潛意識信念（在第 4 至 6 章會詳細說明）。許多年來，你預設的潛意識信念大多都很負面：我不夠好、我做什麼都不順、我總是搞砸每一件事、幹麼費事、天啊我好醜……

過去的我常這樣想（你很快就會知道了）：一切都是我的錯、有人一直生我的氣。你會學到如何運用擊掌習慣，重新設定預設信念。最重要的是，**你需要學會如何對自己慈悲。**

 **調校心態**

慈悲，慈悲，慈悲！

再來是最後一項研究：研究人員全面調查過如何改變生活，才能夠對生活品質帶來有意義的改善，他們發現最重要的一項改變，是**養成對自己慈悲的習慣**。

英國赫特福夏大學（University of Hertfordshire）的研究人員，針對能夠創造快樂與滿足的事物進行研究。他們檢視各種可以改善生活的行為與習慣，例如：運動、嘗試新事物、培養人際關係、善待他人、做你認為有意義的事、追求

你的目標……各種項目應有盡有。

得到的結論是，最能象徵你有多快樂、多心滿意足的指標，是自我接納。也就是說，你對自己有多慈悲，以及你給自己多少鼓勵，會直接影響你的快樂程度。

對自己慈悲，有著讓你的人生全面改變的力量，然而自我接納卻是我們最不擅長的事。你會喝羽衣甘藍奶昔、上健身房、提早起床、戒麩質、冥想，但還是會斥責自己做得不夠多或做得不對，所以對自己慈悲真的很重要。

### 為什麼不對自己慈悲？

沒人教我們怎麼做，答案就這麼簡單。假如生活在這樣的家庭：拉拔我們長大的母親，會挑剔自己在鏡子裡的模樣，若抽出時間給自己，會有罪惡感；父親不善表達自己的情感，多以收入或在家庭之外的成就，評估自己的價值。這樣的父母對自己很嚴苛，於是他們對孩子也會很嚴苛。這種教養風格屬於嚴厲的愛。

「認命吧！女人就要有女人的樣子，擦掉眼淚。我父親也揍過我，我還不是好好的。」

　　老實說，最後一句讓我火大。世界上最惡劣的藉口就是「我都經歷過了，還不是一樣好好的」，我覺得豈有此理！如果你小時候受過苦，就該用盡一切手段，確保你的孩子不會步上後塵。然而很多時候真相並不是那樣，父母只是複製自己的經歷傳遞給孩子，所以你也複製他們給你的待遇，成為自己的經歷，因此你對自己很苛刻。

　　在你小時候，大腦會吸收周遭的一切，因此潛意識會驅策你複製在嬰幼兒時期學會的互動模式。

　　　　　幸好，模式就是用來打破的。

　　我們該打破這種代代相傳的循環了。不僅是因為苛待自己不好受，研究也顯示，當你對自己很嚴厲，反而容易引發反效果。既不能給你動力，也不會鼓舞你達成目標，只會停擺，並且讓你覺得挫敗、喪氣，所以你才會坐困愁城。要建立快樂而滿足的生活，你得對自己慈悲一點，第一步就是實踐慈悲的行動，而且是每一天都要。

# 不是粉飾太平的「有毒正向思考」

如果光憑著正向思考就能改變人生，你早就會這麼做了。在繼續讀下去之前，我要非常直接明了地把話說清楚：**擊掌習慣不是虛假的讚美，也不是逼你正向思考。**這本書談的是，基於你某些預設的想法，以致你對自己的看法很負面，跟自己的關係始終惡劣、無法支持自己，所以我們要改變的是這些預設想法。

空想無法帶給你新生活，也不可能憑許願就能辦到，你得養成新習慣。如果你想要使人生改觀，就得開始改變行為，做出不同的決定。雖說抱持正向的念頭可以振奮心情，但我知道其實很多人不管再怎麼努力把積極、正向灌注到生活中，依舊是老樣子。

這是因為我們面對的障礙是真實的，有些還相當嚴峻。

你總不能看著糟糕的情況，還跟自己說前途一片光明，這就是「有毒的正向」，本書不會有這種內容。你不能粉飾嚴重的問題、童年創傷、不平等、上癮症、種族歧視、排擠、慢性疼痛、虐待等艱辛的生命經歷。我在法律扶助協會擔任過幾年的刑事辯護律師，親眼見識到貧窮與種族歧視，如何將人推離原本該走的路。

生命有時既殘酷又不公平，不論你的問題只是煩人，還是會讓你粉身碎骨、摧毀你的靈魂，這些問題都真實存在，並且絆住你的腳步。除了你，沒人知道你身處的處境是什麼滋味。所以務必要練習對自己慈悲，將你需要的愛、支持、讚美都給自己。

**你擁有改變自己人生的力量，雖然改變不了已經發生的事，但可以選擇下一步怎麼走，這就是你的力量之所在。**

無論你以前有多慘，你仍然可以開創全新的未來。無論你的習慣是自我毀滅，還是你曾犯下毀天滅地的錯，你都可以改變接下來的事。要知道，不管你再怎麼丟人現眼，都可以爬起來重新來過。

跟自己擊掌不能扭轉以前的事，也不能改變你此刻面臨的真實挑戰，**但唯一能改變的是你自己**。你會更有能力和勇氣去面對人生的各種處境。不管你是在收容所迎接早晨，還是分手後的第一天，甚至在昨天剛被解雇。也或許你跟下方回覆留言的珍（Jenn）一樣，這是你第 5 次化療的早晨。

**Jenn Reasinger**
不是對著鏡子，但為了第 5 次的化療擊掌。
還剩下一回合的化療！💪

讚　　回覆　　1 小時

 29

　　挺過癌症與化療，99％是靠保持正確的心態。我一向關心自己以外的所有人，拉別人一把、鼓勵他們，而我們忘了有時要鼓勵自己。就是因為這樣，我熱愛望著鏡子，用「你行的」的態度跟自己擊掌。這次的化療把我折磨得有點慘，我就給自己一個擊掌，鼓勵一下自己，做自己的啦啦隊。我就是這樣掌握自己的人生，做生命中那道積極正向的光，引領自己前進。

　　這是擊掌帶給珍的改變與勇氣。

你還需要更多的遊說嗎？做就對了！

說到這裡，我已經像壞掉的錄音帶了，但這讓我再次回
到鏡子前，給自己一個擊掌。

**養成習慣，每天早晨都去看看自己，舉起手讚美你自**
**己**。這是與自己建立新關係的第一步，並且是最重要的人際
關係。這也會重新塑造你與其他人的關係，並影響你做的決
定。當你放下扯後腿的自我懷疑與自我批評，換成能夠提振
自己的自我接納與自愛，你的人生會因此改觀。

所以，不如就養成這個習慣吧？

# 第 3 章
# 操練擊掌習慣的
# 疑難雜症問與答

## Q1：究竟如何起步？

很簡單。

每天早晨，在你查看手機或與外界聯絡之前，先與鏡中的你相處片刻。

當我們起床盥洗，從踏出浴室的那一秒開始，每一刻幾乎都與別人有關。手機、公事、孩子的需求等，會分散你注意力的事物太多了，但在浴室的時間，是每天早晨只屬於你的片刻。

擊掌有兩個看似簡單卻強大的步驟：

### 站在鏡子前，與自己同在

不要只聚焦在你的外貌，要再深入一點，看見身體裡的

那個人，看見皮膚底下的靈，以及那張臉背後的魂。

## 當你準備就緒，就跟鏡中的自己擊掌

當你留意自己的心已經平靜下來，你可能會覺得精神一振，也許會得到慰藉，也或許會想著「我可以的」。

這是很有力量的一刻，你一個字都沒說，便告訴自己：「我愛你、我看見你了、我對你有信心、我們走吧！」

不要匆匆忙忙，沉浸其中，這是屬於你的時刻。

# Q2：為什麼早上第一件事就是擊掌？

以擊掌展開你的一天有兩個原因：

## 影響你的生產力和一整天的狀態

當你早上做的第一件事是跟自己擊掌，你會用正向開啟一天。研究顯示，早晨的心情會影響一整天的生產力，差異大到你會嚇一跳。卡洛琳（Caroline）告訴我，她很驚訝在擊掌之後，「詭異地」有了拚勁。

　　擊掌帶來的能量會在你身上持續一整天，還會帶動別人的能量。

　　葛蘿莉亞（Glaria）寫道：「高中時，我是啦啦隊的隊長，我大喊了一句當時的歡呼口號，然後像個瘋婆似的笑倒在地。我是 76 歲的年輕人！渾身暢快！」

　　妮琪（Niki）也感覺到了：「我剛路過鏡子，就跟自己擊掌了！我告訴自己：『上啊，女孩！』我覺得這樣有點傻氣，就爆笑出聲。好爽啊！我覺得誰都擋不住我。我來啦！誰要一起來呀？」

　　以正向的狀態展開一日生活，你更有可能採取行動。而行動之所以能帶來成果，是因為那在你的生活中創造動能，也因為你將注意力轉移到身邊的可能性上。基本上，擊掌能引爆你一天的馬力。

## 從起床那一刻開始，就把自己的需求擺第一

　　我很愛妮娜（Nina）跟我分享的領悟：「怎麼我整天鼓勵別人，卻不花時間鼓勵自己？其實，我剛剛才跟一位朋友分享：『光是妳這個人本身，就已經夠好了！妳很美、獨一無二又有創意，妳要學會疼愛自己、擁抱妳自己！』想不

到……那正是我最需要聽到的話！我恍然大悟，原來我把別人看得比自己重要。」

與其起床就查看社群媒體、電子郵件或照顧周遭的每一個人，不如抽出片刻時間，給自己同等的愛、支持、關注。誠如妮娜所說：「該是照照鏡子的時候了，我得給自己信心喊話，我就是這麼棒，所以我跟自己擊掌。」

## Q3：一定要碰到鏡子嗎？我不想弄髒鏡子！

你想怎樣做都可以。碰或不碰鏡子、這一掌要擊在高處或低處、張開五指或併攏手指……只要是擊掌，怎麼做都行。

## Q4：為什麼要在浴室擊掌？

浴室是少數你一定會獨自跟自己面對面的地方之一。如果你在健身房、公司、學校，大概會尷尬到不願擊掌。此外，你每天早晨都會站在浴室鏡子前完成一套例行公事，現在只要再多一個擊掌就行了。

研究顯示，當你將一個新習慣（擊掌）跟舊習慣（刷牙）「疊加」或串在一起，你更有可能成功培養並執行新的習慣。

我很愛的一個正念技巧是，集中精神在我的腳所在的地方。當你起床走進浴室梳理頭髮、刮鬍子、化妝時，不要進入自動駕駛狀態，先抽出片刻暫停一下，實實在在地與自己同在。

主動注視浴室鏡子是有意義的，那可以是自我認同、欣賞，甚至愛的親密時刻，也可能是你肯定自己強項、美貌、優秀的唯一機會，這個機會難得一遇。

## Q5：一定要對著鏡子嗎？雙手在半空中拍一下不算嗎？

那就不是擊掌了，是一個怪異的拍手。

鏡子是必備的！科學說明了原因：這個舉動是在將大腦對擊掌的正向聯想（我對你有信心），與你的鏡中形象相融，這個習慣讓你開始跟自己建立美好且嶄新的夥伴關係。

在忙碌的生活中，你已經失去了一部分的自己，我很清

楚,因為我就是這樣。但晨間的擊掌能以最快的速度,幫助
你與自己連結,找回自己的需求、目標、夢想,以及你周遭
更強大的力量。

# Q6:為什麼稱為擊掌習慣?

我將它取名為「習慣」而不是「晨間擊掌」,是因為習
慣必須一再重複,才會成為第二天性。我們可能都曾經犯過
這樣的錯,以為要等到自己萌生改變的動力,或是等到覺得
自己有資格去愛和讚美自己,再開始執行。現在讓我們改變
這一點,養成擊掌的習慣吧!

習慣只是代替「模式」的花俏字眼。當你將習慣拆解成
每天實踐的簡單小事,便很容易養成。擊掌的感覺真的很美
妙,你會發現這是很容易記住也容易執行的習慣。

其實,習慣很快就能變成第二天性,多明妮克
(Dominique)就是如此:

多明妮克
2 小時 🌐

我半夜醒來，出去溜狗。我路過一面鏡子，停下來，
跟自己擊掌再回去睡覺。擊掌習慣已是我生活的一
部分，連半夢半醒時也照做不誤！

你擊掌次數越多，越會發現你喜歡這個習慣，也表示你
愛上了學會重新愛自己的過程！

# Q7：每個人都有效嗎？

當然。

但你得實際執行。如果只做了 2 天就昭告天下這很呆，
那就不會見效。所有的習慣都必須重複做（見前文）。雖然
要養成一個新習慣，一開始可能會很難，因為你對於做那些
事還很陌生，在養成習慣之前，你一定會想放棄。改變很簡
單，卻不是永遠都簡單，你只要規定自己每天早晨在鏡子前
練習擊掌，你就辦得到。

莉莎（Lisa）跟她女兒試過後立刻就覺得有效。

 莉莎
3 小時 🌐

**我跟 9 歲的女兒今天開始擊掌。她說：「感覺好極了。」並且笑得合不攏嘴。這麼簡單的一個舉動就帶來滿滿的積極正向！真是深得我心。**

一再重複這個舉動，便是在建立信心，開創更積極正向的生活。

## Q8：為什麼不是跟別人擊掌？

你已經在跟自己以外的人擊掌啦！

你總是花太多時間關注自己以外的每件事跟每個人，應付他們的要求、他們的需求、他們的期待，所以把自己放在最後。因此你會小心翼翼地管理你的儀容、臉部表情和反應，迎合身邊那些人對你的目光。而你的自我價值與自尊，反映在別人對你的觀感，別人喜歡你或覺得你聰明、有價

值、夠好,你才會認同自己。

　　**當你從別人的認可尋找自己的價值,你就照錯鏡子了**。如果你不喜歡自己,社群媒體上的「讚」再多都沒有意義。**停止關注外界的認可**(按讚數、追蹤人數、瀏覽數、讚美),發自內心由自己來認可自己,不為其他理由,只因為你活著,準備好把握這一天。

# Q9:我的情緒會波濤洶湧。這樣正常嗎?

　　對。那真的很正常。其實,很多試過的人都對自己突如其來的情緒感到訝異。或許以下這些故事會讓你心有戚戚:

愛麗莎
1 小時 🌐

我昨天跟鏡子裡的自己擊掌。原本我以為不會怎樣,但我莫名其妙地哭出來。我的靈魂一直在等著跟我擊掌,已經等到花兒都謝了。

# 這是我需要的

溫蒂（Wendy）分享她開始執行這個習慣時，起初她覺得疲憊不堪。那一夜，她提前上床，被情緒淹沒。但隔天早晨，她精神抖擻地起床，突然有動力要去解決拖延很久或不想做的事情。她說：「我大概是釋放了某些卡住的地方。」

如果你也是這樣，那很正常。

有時你會感受到非常正面的情緒正在釋放。麥可（Michael）說：「我對著鏡子擊掌，感覺很棒……我臉都紅了！」珍奈特（Jeannette）告訴我，她在擊掌後情不自禁地跳了起來。

不論你的反應是什麼，都允許自己去感受。

## Q10：這麼簡單的辦法為什麼會有效？

擊掌習慣的高明之處與威力，正是在於它超級簡單。

你很可能會認為擊掌習慣是你聽過最蠢的事，會想：哪有這麼簡單？但**簡單正是它有效的原因，只有實際運用的工具才會有用，如果做法簡單，你就會去做。反覆執行，行為才會轉變。**

研究證明要建立新的習慣，就必須可以輕鬆納入你的

例行公事中。既然做起來簡單，又能帶來很正向的感覺，只要你每天照表操課，便能向自己證明「你可以堅持這項挑戰」，而這會逐漸建立你的信心。

## Q11：我何必相信你？

你不一定要相信我。我要教你的是**信任你自己**。我不要你看著我，我要你轉過身，去看你在鏡子裡的模樣。

## Q12：我的問題很嚴重，擊掌怎麼能幫助我度過難熬的日子？

在上一章提到珍的故事，雖然跟自己擊掌不能治癒她的癌症，卻讓她得到鼓舞與支持，並且稱讚自己化療時的堅強。你面臨到任何困境也是如此，透過跟自己擊掌，來度過難關。

**蘿琳**
1 天

我是單親媽媽。過去一年來,我有一位非常知心的朋友自殺身亡,而我結束了一段對我無益的感情。我很受不了悲傷、失敗、不夠好的感覺。現在當我看到鏡子,都會跟自己擊掌,提醒自己「我活著、我值得走出去追求我的夢想」。最重要的是,我想啟發我的女兒們,告訴她們不論人生發生什麼事,都要活得開心、要真誠、要知道自己夠好。

或許你的困擾在工作上。

**坎德拉**
6 小時

我在公司的業績一直不行,但我仍然每天跟自己擊掌來保持士氣。

**布瑞安妮**
1 天

我今天完成一個案子。這個案子已經忙了一個月,做得很辛苦。當我看著最後的成果,我很驚艷,並且得意自己表現那麼好!我交出案子時,自信地抬起頭,臉上掛著笑容。我得到的回饋是:「做得還可以,算是起步了。」通常,我一整天都在抨擊自己、懷疑自己、過度思考、封閉自己。這次沒有,我心中有某個力量逼我去鏡子前面,跟自己擊掌。而現在我給自己一點個人時間,以犒賞自己辛勤工作。

就如同在研究中擊掌鼓勵的孩子們，當面對失敗與挑戰時，最需要的正是鼓勵與夥伴關係！而和自己的擊掌讓你記住，不論遇到什麼情況，你都能夠面對。同時提醒你，以你的韌性、耐力、恆毅力和勇氣，讓你足以迎接並掌握這一刻的人生，走出困境。擊掌肯定了你的努力，就像你的隊友會在你最盛大的人生賽事中支持你。你可以每天用擊掌支持自己，讓自己知道：「你應付得來，我知道你行！」

## Q13：如果我不想擊掌呢？

照樣擊掌啊！在你的人生中有些事情無法如願以償，有部分原因來自於你不想那樣做，所以就沒做。只有你老老實實完成每一件困難的事情，日子才會變好。試著突破想放棄的心情，做就對了！

跟各位分享寶拉（Paula）的經驗。寶拉在開始擊掌以後的領悟令人心疼，我想這也是大家不甘願做的常見原因：

對我來說，替自己加油喝采是一件難事，因為我怨恨任何膽敢愛自己的人。聽起來很誇張，但我是這樣想的：如果

我喜歡自己，別人會喜歡那樣的我嗎？吹捧自己成就的女人不是很惹人厭嗎？我討厭一直往自己臉上貼金的女人，但同時，她們也是我嚮往並欣賞的人：創辦人、同事、旅人。

我不覺得自己有那個本事，不是指我的夢想很稀奇古怪，而是比我更有資格的人比比皆是，他們會拚命給自己加油喝采。所以說，比起給自己加油喝采，幫那些走在我前面的人鼓掌簡單多了。比起挺身去奪取金牌然後慘敗，還是待在陰影裡面簡單，那樣就更能夠證明我不夠好，而我不夠好的證據已經夠多了。

當我看到這段話，我能感受到寶拉的痛苦，也發現到她最深切的願望：想要被看見、被讚揚，想要活的有價值。就在此刻，她的夢想縈繞在她的心頭：渴望過著擊掌的人生，想要「奪取金牌」。

從她的分享可以看出，一個人的念頭足以讓自己困在極度卑微的處境裡。當你無法實現願望，你會厭惡那些做得到的人，而擊掌便是改變這種念頭的第一步。如果裹足不前是一個習慣，就讓我們破除舊習，學會鼓舞自己前進吧！

## Q14：擊掌不是專門用在值得慶祝的事情上嗎？

絕對不是。在人生道路中的每一步鼓勵自己，是勝出的祕訣。如同參加路跑，其中一種值回票價的體驗，就是在路上的每一步，兩側都有人在為你加油喝采。不論你是否跨越終點線，都學會為自己加油喝采，這樣子你建立信心的速度，會比拿下任何獎牌、取得任何成就都更快。

## Q15：如果我現在覺得自己很失敗呢？

如果你很低落，自尊被打趴在地上，你絕對要跟自己擊掌。你需要擊掌。當之無愧。

人生每一個時刻都是艱難的試煉。你答錯一個問題，每個人都笑你。你在家人團聚的餐桌上說真心話，就被勒令回房間反省。你參加足球隊的甄選，卻沒入選。你以為某人是朋友，結果遭到背棄。你申請升職被晾在一邊、你信任的人傷害你、你競選公職落敗。你墜入愛河，卻將一顆心搞得支離破碎。你創業，卻落得破產的悲慘局面。你好不容易實現了夢想，又開始迷惘。諸如此類，沒完沒了。

你認為這些是失敗，其實不是，這些全是一堂無法取代的課。自信、韌性、智慧就像鋼鐵，必須經過火焰的鍛造。假如你肯從學習的角度看待人生，那人生永遠都在教導你某些道理。何不獎勵自己？不僅在你贏的時候，也在你輸得轟轟烈烈的時候。

在不久之前，我的做法和現在相反。過去的我是那種達成目標才獎勵自己的人，我在每一步的路途上都苛待自己。而我學到的教訓是，失敗總是會在後續的路上，帶來美好的事物。擊掌習慣可以在你覺得自己被生命打趴的時候，協助你拉自己一把。待時機成熟，你也可以反擊回去，畢竟你的內在已經充滿力量了（你也會需要那股力量）。

## Q16：當我準備開始擊掌，怎樣開始做是最好的？我又要怎麼記得擊掌？

很高興你問了，因為我會幫忙你起步養成習慣。

## 連續 5 天擊掌挑戰

連續 5 天起床，每天第一件事都是跟鏡中的自己擊掌。就這樣，這麼簡單。如果在 5 日挑戰期間，你需要額外的關愛與支持，一切有我在，可以免費加入我的行列，我們一起在 High5Challenge.com 進行這個挑戰。

在 5 天期間裡，你是國際網路社群的一員，社群裡都是跟你一起做擊掌挑戰的人。每天早晨，我會透過電子郵件寄給你一支影片的連結，影片內容為激勵你的精神喊話，並且會深入解說科學研究，以及你會經歷到的變化。你可以追蹤自己的進展，串聯那些跟你一起進行 5 日挑戰的人，為他們加油喝采。更讚的是，這些人也會鼓舞你前進。

當你開始對著鏡子跟自己擊掌，說不定是獨自在浴室裡，只要加入我們在 High5Challenge.com 的行列，就不會感到孤單和冷清，因為你不是一個人。最棒的是，這是免費的，沒有任何附加條款，只有我、你跟全世界一大群積極正向的人，外加你家浴室的鏡子。

研究告訴我們，當你感受到別人的支持與鼓勵，要改變就簡單多了。事實上，你不孤單。每天都有世界各地的人跟你一起在起床後做這件事。只要 5 天就能改造你的大腦。

僅僅 5 天之後，或許你會跟法蘭（Fran）有同感：

法蘭
6 小時 🌐

我得說，跟自己的每一次擊掌感受都不一樣。我可以清楚感覺到有某個東西療癒了一點點。我相信是有一點點的。今天是我跟自己擊掌的第 5 天，我的心情煥然一新，我也蛻變了。擊掌已經是一股風潮，我的朋友跟家人也在做。現在我明白自己也可以大大改變這個世界。

# Q17：擊掌習慣能創造持久的改變嗎？

可以。如果擊掌沒有科學的背書及實務經驗，我絕不會推薦給你。讀到現在，你已經看過很多資料了，擊掌習慣只是起點，是帶你踏出低迷的精神，並翻轉情感狀態的第一步，而隨後幾章會告訴你，關於自信、快樂、心滿意足的酷炫知識。

這個習慣的關鍵是，人們對擊掌正向聯想，已經是一輩子的事了，因為你跟陌生人、朋友、隊友擊掌了一輩子。養

圖表 3-1　眾人與你一同進行擊掌挑戰

成跟自己擊掌的習慣，你儲存在潛意識中的個人模式便會隨之改變，這會改善你的心情，協助你達成目標，從根本上改變你人生的軌跡。

你與自己的關係，是你與人生大小事的根基。你怎樣跟自己說話、怎樣對待自己，決定了你這輩子怎麼做每件事，也決定你會如何去感受、去思考，以及會採取什麼行動。

如果你看著鏡子，沒看到一個值得讚美的人，就該來改變這種情況了。

# PART 2
# 負面想法如何操縱你的人生？

# 第4章
# 為什麼人總是習慣折磨自己？

我在撰寫這本書時，收到一則來自我女兒的訊息。

> 要怎樣才不會每次去酒吧都覺得
> 自己是最醜的女生？

收到這類訊息很令人心碎，因為你明白不管說什麼話，都無法改變她在人生中這一刻對自己的感受。相信我，我試過了。我可以用盡一切理由告訴她：「妳的內在與外在都很美。」提醒她自己有著了不起的人格特質，並羅列她的成就，大肆讚揚她的幽默感、智慧與工作道德，也可以稱讚她是受到姐妹、朋友、同事信賴且尊重的人，還能讚美她是有愛心的人。

我可以用盡一切方式告訴她，身為作者、勵志講者、母親，在面對單身且喪氣的心愛之人，講出一連串浮誇的話：「妳超棒的好嗎？妳只是還沒遇到配得上妳的人，這個人還

沒出現，但以後妳會遇到的。」


# 愛自己對我們來說很陌生

其實，我的想法是什麼並不重要，因為這則訊息與「我」無關，它披露了我女兒與她自己的關係，關於她如何看待自己、她周遭的世界，以及她與這個世界的關係。我相信你跟自己心愛的人，也曾經有過類似的經歷。他們多麼美好，你能看見他的好，想大肆讚美他們的才華、特質，甚至是外貌，舉出無數個例子、搬出事實，想說服他們「事情才不是那樣」、「你明明就有朋友」、「你很美」、「你的確有很多優點」。

但不管你說了什麼，不管你拿出什麼證據，都難以改變這個人對自己深信不疑的認知。若他們聽得進你的說法，他們當下或許會好受一點，然而他們的頭腦卻全面否定這些，覺得自己就是爛，長年累月下來已經這樣跟自己講了太多次，蒐集太多證據證明事實就是如此，因此這個信念成為他們潛意識心智的設定，即使你說出你認為他們有多棒，他們聽不進去，甚至會反駁你。

　　人生中的重大啟示之一，是**人生與幸福始於你的內心，也止於你的內心**。你對自己說的話、你如何對待自己、你於腦中重複播放的念頭，無疑是舉足輕重的。不管你變得多成功、苗條、出名、富裕，如果你總是只看自己哪裡「不對」，你絕不會快樂的。

　　如果你認為自己哪裡不夠好，覺得跟鏡子裡的自己擊掌很「笨」、「蠢」、「做作」，要等到你修正了現階段不足的地方，才有資格得到稱讚。這時當別人讚美你的時候，你會感到不自在，不相信那些美言，所以你不接受。

　　其實，讚美自己的概念，大概跟倒立行走或用腳進食一樣陌生，所以你的潛意識才會排斥它。


## 你的潛意識不會說我愛你

　　好奇你的潛意識行動時的樣子嗎？只要注視鏡子裡的自己，或是留意別人幫你拍照時你做了什麼就好。

　　我家小孩以前都會笑我，因為我每次照鏡子時，都會擺出「奇怪的鏡子臉」，我甚至不知道自己會那樣。既然我察覺到確有其事，我認為每個人都有一張鏡子臉。

當你照鏡子時，會下意識地看向你需要「修正」的地方，然後調整你的臉，試圖讓臉蛋迷人一點（我們幹麼這樣）。如果你察覺不到自己這樣做，只要觀察你身邊的青少年就行了，他們都有鏡子臉，可能是他們最好看的那半邊臉，或他們微微歪著頭的樣子，也許是嘟嘴拉長臉頰。

我的鏡子臉包括若有似無地噘嘴，還是我的小孩一直拿這件事瘋狂取笑我，我才知道的。當我看向鏡子，我會下意識這樣做，好讓自己看起來漂亮一點。

我要自豪地說，我已經至少 3 個月沒有擺出鏡子臉了，因為對我來說，照鏡子已經不是看自己的長相，而是看我這個人。

科學是這樣解釋鏡子臉的：我們都有不假思索的念頭，也就是想了太多次，變成預設值的事物，類似路上的車痕。如果你刻意改變行為或念頭，便是在改變預設的思維與反應模式。這種刻意的改變稱為「神經可塑性反應」（neuroplastic response）。現在，你預設的思維讓你專注在錯的地方。幸好，這是可以改變的。

# 你有哪裡不對勁嗎？

你不必分析自己從什麼時候，又為了什麼緣故，從愛自己變成挑剔自己。如果你想拆解挑剔自己的想法起點，可以向心理師諮商，就當作是送自己的一份禮物。

以我女兒來說，我問了她，而她回答：「我不知道從什麼時候開始，也想不起什麼時候，我對自己或自己的身體沒有自信。其實我知道自己沒那麼醜，只是在朋友圈中是身材最大隻的女生，但我討厭這樣。那就是我在鏡子裡看到的，我不想要這麼大隻，所以我覺得自己很糟糕。」她又說：「我不想要一直想著這件事，可是我不曉得要怎麼停下來。」

當我們討論得更深入以後，很明顯地可以看出你無法一邊討厭你的身體，一邊接受並喜愛自己。當你看著鏡子，專注在你必須「修正」的地方，這是跟擊掌相反的事 —— 自我排斥。

不是只有我女兒這樣，根據研究，約有91％的女性不滿意自己的身體，而媒體鋪天蓋地的影像還對你落井下石。當你一直希望自己能換個樣子，而世界反射給你的事物令你覺得格格不入，你會覺得自己整個人都有毛病。

這是你一定要改變想法的原因。

你得停止責怪自己，學會如何愛自己、給自己力量，有三種原因。

## 當你聚焦在「哪裡不好」，絕不會有任何改變

若抱持負面心態改變自己，只會令你想起你需要的「修正」，你會覺得一切更難做到。減重不會見效，是因為制定運動計畫或節食感覺像懲罰，特別是「節食」，只會讓你更強烈地認定自己不好，認定你的現狀不合格、不可愛、不美好。

## 厭惡你的身體、過去或你自己，不會帶來動力

研究顯示，斥責會讓自己更難迸發動力。如果你不相信自己值得讚美，或不認為這會讓自己感覺暢快，又何必為了改變而吃盡苦頭？你一定要先喜愛並接受現狀，不論你是怎麼走到當下這一刻的，都先原諒自己，站在自愛與認同自我價值的立場上：**我值得更快樂、更健康，我可以做這些事來好好照顧自己**。當你提醒自己，這樣做是因為你愛自己，而

不是因為你討厭自己，擊掌精神便會支持你的每一步。

## 重複越多遍，你看到的證據會越多

你與自己的關係可以讓你解脫，也可以繼續困住你。在下一章會告訴你，負面的信念不僅會讓你感覺糟糕，還會改變你頭腦的濾鏡，扭曲你每時每刻看到的世界。

你的心智每天都在事情發生時，即時在腦海裡生成想法，告訴你發生了什麼事。當事情反覆發生，即使只是想法，也會在腦中磨出一條溝紋、一條痕跡。就類似你走慣了的路徑，一成不變的陳年風景，同樣的彎彎繞繞，你認得這條路，這條路也認得你，便成了你的認知。想法也是如此，把這些想法一股腦地告訴自己，想法便會成為信念，久了會變成你對自己的認同。

這些念頭會讓你一直想起，並不是你的錯。很多時候，你是跟別人學會挑剔自己的，而那些人是對自己很嚴苛的親人。

不管你從哪裡學會斥責自己，重點是，如果你因此而痛苦，就要主動改變這種作風。

你要抗爭的對象不是你的身體
（或銀行帳戶和工作）。

**你要對抗的是你的自我厭惡**，怨念不會帶著你去改變什麼，改變必須從愛出發，這就是擊掌習慣的好處。擊掌習慣會教導你如何帶著疼惜的善意，看待自己、跟自己說話、對待自己。

妮娜（Nina）跟著我做了 5 天的擊掌挑戰後，有了驚人的突破。

 **妮娜**
3 小時

我很怕自己很醜，怕了超過 **20** 年。跟自己擊掌 **5** 天後，我不再閃避自己的臉，還會對著自己笑嘻嘻。謝謝你。

凱西（Cathy）說，擊掌習慣從根本上改變她對自己的看法。

凱西
6 小時 🌐

當我們看著鏡子裡的自己時，看的永遠是瑕疵。注意
到我兩邊的眉毛不一樣高、我的白頭髮跑出來了、為
什麼我現在有了雙下巴、我的手臂看起來軟趴趴的……
我看到自己有一大堆毛病。

身處在 Zoom、視訊電話、臉書直播主宰的世界，我們
不是只要跟鏡子妥協就好！我們透過鏡頭看到自己的次
數，超過了我們的意願。對我來說，跟鏡中自己擊掌的
習慣是一種宣告，也是一種讚美自己的實質舉動。這個
舉動本身，就強迫我以不同的視角注視自己的臉、自己
的身體：一個更快活、和善、體貼、喜悅的視角。我發
現我向鏡中的自己擊掌時，沒辦法跟自己講壞話！

　　你值得稱讚，就以你現在的狀態，不必等到你減掉體
重、賺更多錢、談戀愛、考上研究所，研究顯示，當你學會
去愛護並接納自己，你更能夠駕馭人生的起伏，也會更加能
屈能伸。當你整天鞭撻自己，你是在撂倒自己，在生活有了
壓力時，你會更脆弱，感覺被壓力掩埋，每件發生在你身上
的事都成了打壓。只有當你開始注視鏡中的自己，接受自己
本來的面貌，接受此時此刻的你，並且看見一個值得表揚與
支持的人，你便會重拾你與生俱來的動力、歡慶、韌性。

# 自愛是你與生俱來的能力

我即將教導你的一切，其實你早就具備了，自愛是你天生的權利。在嬰兒時期，你喜愛自己的模樣，會爬到鏡子前，不只是跟鏡子中的自己擊掌，還會把整張臉都貼在鏡子上。你會對著鏡中的自己哈哈大笑，且喜愛自己，張開嘴巴，給自己一個溼答答的親吻。

你一定有許多可以讚美的地方！讓我們細數你的獨一無二和特別。你的 DNA 序列、你的指紋、你的聲音、你的虹膜紋路……全部舉世無雙，專屬於你一人。你對這個世界的觀點、你笑起來的樣子、你經歷的事情、你愛人的方式，種種的累積創造出你的神奇。你是唯一會存在的你，每一個獨特的天賦與才華都是一種非凡，你得看見並讚揚它。

你比自己想像且認知的還要堅強！韌性是內建在 DNA。想想當你是個蹣跚學步的嬰兒時，你沒有試一次就放棄，也沒有躺在地板上，哀愁地望著天花板說：「唉，我看我這輩子就這樣了吧，該是舉白旗的時候了，我永遠都學不會的。我要在這裡住下來，就在地毯上的這個位置。」你不會放棄，而是繼續嘗試。由於你缺乏語彙編出悲情的故事，或告訴自己你做不到、你不夠好、不夠聰明、不夠強壯。因此你

會一試再試，最後拖著自己橫越了地板。

你也天生聰慧，光是看著身邊的人，就能摸索出要怎麼發聲、微笑、爬行、挪動，最後學會走路。即使學走路的過程磕磕碰碰，每小時平均摔跤 17 次也無所謂，你就是一直嘗試。這種頑強的性子仍然在你的內心。

慶祝也是你 DNA 的一部分。小時候，當你學會了什麼令人興奮的新花招，你會又笑又叫，雙手高舉過頭。聽到音樂，你就會扭著屁股，搖搖擺擺，蹦蹦跳跳。你天生就能夠感覺到被愛，具有韌性，能享受喜悅與表揚，所以跟陌生人擊掌才會暢快無比。擊掌會深深觸動你的核心、觸動內在的你，讓你記起了你已經淡忘的事：真正的你是誰，以及你應該有的感覺。


## 在成長的過程喪失歸屬感

答案很簡單，你被人生擺了一道。生命在你小小年紀時，就掀起狂風巨浪，將人生中所有的酸甜苦辣攪成一團，像乾衣機裡的那堆衣服。我說過了，你天生完美無缺，當你逐漸長大，進入學校，努力結交朋友、融入群體，就在某個

時候，你發現並認定了一件事：你有毛病。

「我有毛病」的感覺人人都有，心理學家稱為「喪失歸屬感」。你會覺得在家裡、在教會、在朋友圈中、在鄰里間或在這個世界上沒有歸屬感。然後，這種感覺造成第二次的喪失歸屬感 —— 與你自己的歸屬感。

這種狀態發生的形式有千千萬萬：在長大成人的過程中，也許你搬家或轉學很多次，所以總覺得自己是旁觀者。也許你曾遭受攻擊或傷害，缺乏人身安全。也許別人認定你是笨蛋，就因為你有閱讀障礙，就讀特教班。或者你是班上唯一的跨性別者、唯一的穆斯林、唯一的難民、唯一的黑人小孩。也許別人揶揄你的長相、說話方式或行為舉止。可能你媽一直攻擊你的體重，使你在體育課前的更衣時間會渾身不自在。

當你的家庭生活、學校同儕，甚至是整個世界讓你覺得自己有毛病、不安全、不值得愛，還是小朋友的你會信以為真。這是我們每個人的遭遇，所有人在成為大人之前，一定會經歷這類的創傷。

也許你父親拋棄家庭，或是媽媽罹患嚴重的憂鬱症，又或者哥哥自殺身亡。也許你一直在擔心下一餐從何而來。也許你天天承受著鄰里間對你的種族歧視和偏見。也許你的

家人排斥你，無法接受你是同性戀。或許你的家長戒不掉癮頭。可能你的家人用冷戰來羞辱你。

　　這些成長的經歷影響了你，你將各種經歷吸收到身、心、靈之內，卻無法逃離 —— 你只是一個小孩啊，唯一的選擇便是熬過去。


## 隱瞞痛苦、指責自己是面對危機的下策

　　當你在孩提時代出狀況，你沒有豐富的人生經歷或支援系統來處理面臨到的事。你將那些事情納入神經系統、因應模式與思維中，唯一的選項是竭盡全力，撐著活下去。即使在充滿壓力、創傷或虐待的環境下，孩子們還是不會這樣想：

「我身邊這些大人真是一團糟。」

「天哪，這情況太烏煙瘴氣了。」

「這是犯法的，我要叫警察來抓你。」

「既然這個小孩會傷害我，我敢說一定有人在傷害他。」

每個小孩都會拿自己開刀，他們會以為是自己的錯。

在我 9 歲時，有一個年紀比我大的小孩向我伸出鹹豬手，當時我以為是我的錯。我兒子在夏令營被人欺負，他也是這樣以為的，他隱瞞痛苦，指責自己（而我依然怪自己沒有早點察覺異狀，把他從夏令營接回家）。

我敢說在你發生過的種種危機中，也曾經出此下策以熬過困難：認定自己很糟糕。不論你遇上的是一個愛挑毛病的媽媽，還是離婚的父母。是每天承受著種族歧視，或是遭受身體虐待，你都把矛頭指向自己。這是人類構造上的重大瑕疵，你沒有責怪傷害你的人，反而責怪自己，暗自想著：我一定哪裡不對。

儘管我實在不想承認，但身為父母，我們常常在不經意間，向兒女傳遞了那樣的訊息。

## 從小習慣愛和接納是交易而來

跟各位分享一件我不願回想起的往事，那件事讓我覺得自己是差勁的媽媽。即使厭惡，我還是要說出來，因為這件事真真切切地證明了，我傳遞的訊息，暗示著「我不要兒子

做自己」。

我家兒子奧克利在國小六年級時將髮尾染成藍色，模仿他最愛的美國遊戲網紅 Ninja，染完真的很好看，他也很滿意。他在七年級轉學，眼看第一次到新學校上學的日子越來越近，我開始憂心忡忡，要是他第一天上課就頂著藍色的頭髮，同學說不定會因此欺負他。試想當轉學生已經夠艱難了，更何況是一個藍髮的轉學生（實際上，除了是藍髮的轉學生，還有一個神經兮兮的母親，她拚了命地希望你融入新環境）。

一連幾週，我都在問他要不要在開學前理個髮，或許可以把藍色的髮尾剪掉。他一點都不緊張，但我擔心得要命。隨著開學日漸漸逼近，他的姐姐們開始說話了：「小子，你知道的，頂著顯眼的髮色亮相可能不太好。你又不是袋棍球的明星球員。」奧克利退縮了，在第一天上學之前修剪了髮尾，即使他並不甘願，而是為了平息我們的焦慮。

當你還是個小孩，每個人都會給你下指導棋，跟你說他們希望你怎麼做。你乖乖聽話，為了讓媽媽滿意、為了融入優秀孩子的小圈圈，或是因為你別無選擇。這讓你習慣了愛與接納是交易而來，只要你照我的意思做，我就愛你。

仔細想想，這正是影響你的愛不給自己的原因，這是你

從孩提時代就學會的。

# 你對自己的看法比任何人都重要

回顧我家兒子的往事,我意識到我傳遞了「你的儀容有問題」的訊息。我也在暗示:「我只接受可以讓我開心的你。」但實際上完全相反,我喜歡他的頭髮,只是我不相信其他同學會接受藍髮的他。我想要盡力給他一個平安順遂的新開始,結果我的意見和擔憂顯然令他對自己的選擇有了疑慮,並且懷疑我是否能夠喜愛並接受他的真實樣貌。

我的行為是在告訴他:「**我寧願你融入團體,也不要你做自己。**」我想了想也覺得自己很可惡,這段話的核心來自於我們過去深信不疑的謊言:別人對你的想法,比你自己的想法更重要。你聽信了這些話,接受了這個觀念,相信了一輩子,因為是你敬愛的人教導你的。孩子們,如果你們看到這段話,我真的很抱歉。

天啊,我討厭這個故事,但這是你、我、你認識的每個人都可能有過的核心遭遇,使你質疑自己的外貌、自己做的事,最後你開始質疑起自己是怎樣的人。

　　你跟自己的真實面貌失去連結，所以當你站在鏡子前，就狠心挑剔自己的毛病。對於我家女兒或任何難以接受自己容貌的人，你們一定要從現在開始欣賞自己的身體部位，別再抨擊自己。塞不下的牛仔褲就扔了吧！當你挑剔自己、斥責自己，你給自己的待遇和愛，就跟我對我家兒子一樣，成為了一筆交易。你扣留住自己的愛，要等到你能認可自己才發放，這樣的人生太可怕了。


## 不要討厭，要欣賞

　　你不必做任何改變，就足以擔當得起你需要的愛與接納，只是你得開始給自己肯定。

　　下次你站在鏡子前，不要自我厭惡，凶巴巴地找毛病，這只會讓你覺得挫敗、被排斥、喪氣。而你這一整天的想法與感受，就這麼定調了。不如，在自己身上尋找你欣賞的特質，以此展開每一天早晨。專注在過去你會忽略的小地方、你的強項、你的直覺，去感受其實你的身體一直在照顧你，或是仔細看看妳的妊娠紋，提醒妳孩子的存在是多麼美好。

　　你看，你一點毛病都沒有。或許你不滿意人生的現狀、

銀行帳戶的餘額、體重計上的數字、褲子的尺碼……，天曉得生活多不容易。但你在這裡，依然屹立，保有韌性、聰慧與堅強。依舊每天起床，鞭策自己學習與成長、變成更好的人。老實說，這樣的你帥氣十足。

我喜歡嬌丹（Jordan）在她養成每天早晨跟自己擊掌的習慣後，跟我分享的話。

> 愛自己經常被展現為修正自己。我喜歡跟鏡子裡的自己擊掌，因為那向我們展示，愛自己其實是愛上一直試圖修正那些部分的你。

你有這麼多可以去愛的地方。沉浸其中，然後舉起手，以一個擊掌，將這份欣賞烙印到你的潛意識裡。

這就像你錯過了一件非常重大的事。

為了認識接納自己、鼓勵自己的力量有多強大，我們要繼續看專家的研究。「基本感情需求」是心理學家所提出的人類核心，所有人都要滿足這些需求，才能活得虎虎生風。

萬一你翹課或睡掉心理學入門課，沒聽到馬斯洛需求層次理論（Maslow's Hierarchy of Needs），在此簡單地說明：人都有基本的需求，那些需求是我們達成自我實現、快樂與生存的根本。

你知道你需要水、食物、氧氣、棲身之處、睡眠，否則你會死，你也知道你需要友誼，否則你會寂寞，研究也證實寂寞會要人命。或許還知道，生而為人，你有成長的基本需求，無法成長時，你會覺得自己卡住了。

但你可能沒發現，你有三個核心的情感需求：被看見、被聽見、因為你的獨一無二而被愛。當這些情感需求沒有滿足，那不僅是一種忽略，你會覺得不被愛、沒人看見你、不滿足。我相信我們當初就是這樣變成自我批判大師的。從此以後，我們看自己就挾帶著濾鏡，把自己扭曲到打死結。

這種局面可以靠自己改變。

你缺少的是與自己的深度連結。每天匆忙過生活的你，可能很難理解以誇讚自己展開的早晨，會有多大的變化。

情感需求影響人類深遠，是相當重要的需求，也是身心安頓首要的條件，而擊掌可以滿足這一切。

你已經知道，在童年階段，這三種情感需求往往從未滿足過，而成年以後，又不曉得滿足這些需求的辦法。所以長大成人後，在職場覺得自己是透明人，在朋友圈裡覺得自己是圈外人，在感情生活中跟對方失去連結。你缺少一樣東西，一種埋藏在自己內心深處的深層感受：想要被看見、被聽見、被欣賞的渴望，是讓人感到心滿意足的關鍵。

## 你奇蹟般的存在，就值得讚揚

你能夠存在於世已是奇蹟，你更應該要被人看見、得到讚美！你能夠誕生的機率一定小於百萬分之一，因為你母親這輩子的卵子足足超過 100 萬顆。誇張吧！但這跟你展現的數學奇蹟相比還差得遠呢！根據最新的研究，科學家發現當初構成你的那顆卵子可是相當挑剔的，它從你父親的 2 億5,000 萬個精子細胞裡面，挑出了想要連結的那一顆。如果卵子選擇了其他精子，你根本沒辦法出生。現在看這本書的人，就會是你的兄弟姐妹。

專家說精子與卵子相遇變成你的機率，是四百兆分之一，這甚至不是精確的數字。一位哈佛的科學家寫過一篇論

文，探討人類出生的機率，那個機率小得離譜，我根本讀不出的數字分之一。這足夠證明你的誕生是個奇蹟。

像你這麼獨一無二的人，值得被看見、被聽見、被讚揚。感受自己的重要、有人在乎你且你值得讚美，這些是你最基本也最重要的情感需求，就和食物跟水一樣，對你的安康與幸福至關重要。一天過得好或不好的區別，有時只在於有沒有人肯定你。但你知道誰最有資格認可你嗎？是你自己。所以我要帶著你回頭檢視每一個早晨，當你對著鏡子與自己面對面的那一刻。

**跟自己擊掌遠遠不只是一個肢體行動，而是傳輸能量的根本。**這象徵了你和自己結為盟友，你對於自己的能力抱持著不可動搖的信心。你不是在恭喜自己，而是在歡慶自己原本的面貌。因為你的存在，就值得擊掌。你的存在、你的希望、你的夢想、你付出的愛、你的療癒、改變、成長能力、你的心、你的靈魂……，憑著這些，你就值得讚美。

當你跟鏡中的自己擊掌，你是在滿足自己基本的情感需求，告訴自己：「你看見了。」聽到自己說：「不會有事的、你做得到、我愛你。」所有你希望父母、朋友、配偶、老闆會給你的情感交流和支持，在一個簡單的動作裡都給了自己。

擊掌能傳遞的訊息是：

**信心** —— 我對你有信心。

**讚揚** —— 你棒呆了。

**認可** —— 我看見你了。

**樂觀** —— 你做得到。

**行動** —— 你行的，再接再厲。

要是可以一口氣一網打盡這些感覺，豈不是爽翻天？彷彿這世界爆滿著可愛的小狗，有著美麗的彩虹跟人人有份的無限上網（不要假裝你不會因為爆量的滿足而心花怒放）。爆量的滿足感會炸掉你腦中的小宇宙，說不定還會炸掉你的潛意識喔！因為你目前潛意識的設定，並不能吸收你給自己的愛。雖然現在還不行，但學會鼓舞自己後，潛意識就可以吸收你給自己的愛了。既然你已經知道自我認可、自愛和自我接納，是世界上最強大的推動力，改變就是你的第一步。

## 要怎麼改變想法？

第一步是抓住會讓你萎靡不振的舊思維。

如果你不確定那是什麼，給你提示：那是「我不夠……」的某些表現。

空格隨便你填。來吧！挑選你的毒藥：我不夠聰明、不夠好、不夠高、不夠瘦、不夠有錢、不夠成功、不夠有才華、不夠輕盈、不夠富裕……任何你的不足之處。

我稱之為毒藥，是因為想著這些念頭就有如喝毒藥，會扼殺你的精神，消弭你被看見、被聽見、得到讚美的內在渴望。

這種念頭跟擊掌象徵的認可、自信、表揚、樂觀等的感受南轅北轍，讓你精神低落。只是一個念頭，就足以癱瘓你前進的動力，也會使你失去跟任何人、事、物擊掌的興致，尤其是跟你自己。

怎麼可能會想呢？讓我們翻轉這個局面。

# 第 5 章
# 負面想法像一副墨鏡，
# 讓一切都變色

某天晚上，我們家吃晚餐的時候，我女兒聊起了她跟某一位室友的爭執。

「我總覺得自己是壞人。不管我說什麼、我怎麼表達。每次我說出自己不舒服的地方，或是表明我的個人界線，最後都覺得我才是錯的那一方。這已經發生很多次了，我總是跟自己說：『我好自私、我是壞人。』整整一年都這樣，不曉得要怎麼做，才不會對自己有這種感覺。」

我先生克里斯（Chris）努力安慰她：「妳並不壞。也許妳做過壞事，但妳不是壞人。每個人都會搞砸，而人就是這樣學習的。答應我，妳不會再說自己是壞人。」他接著說：「餐廳倒閉後，我覺得自己一敗塗地。我的事業夥伴大概是把倒閉當作開餐廳的風險來消化挫折，但我不行。那時的我認定倒閉代表失敗。我不管怎麼看，都只看到自己的失敗。你們是我的孩子，但我待在你們身邊的時間卻很不夠。對你

們媽媽來說，也不是個好丈夫，我賺的錢不夠多、我什麼都做不好。但要是妳一直重複這些想法，就會信以為真。恥辱就像一副墨鏡，讓妳看到的一切都變色。」

她說：「是啊！爸爸，我也有一樣的經驗。我是學音樂的，每次我走進教室或錄音室的時候，都會注意到別人超出我一大截的才華跟酷勁。我總是止不住去想，他們在音樂事業上領先了我多少。不論他們是簽了唱片公司，還是發布音樂作品，或是從事現場的演奏工作。然後我再看看自己，想著跟這些又酷又有才華的人相比，我就是失敗。」

另一位女兒插進來：「嘿，我們果然是一家人，因為我一直覺得自己是朋友圈裡最大隻的，而媽媽認為一切都是她的錯。」然後她轉向弟弟，問道：「奧克利，你有什麼負面想法？」

他毫不猶豫：「我不要加入討論，你們這群傢伙太喪氣了。」我們聽了都笑出來。女兒又對克里斯說：「不過我說真的，爸，你怎麼摘掉那副墨鏡的？我真的覺得自己很壞，還可以舉出各種證據證明我很壞。」

## 什麼都搞砸了

我的孩子們言之有物，因為在我人生的前 40 年，我有一首主題曲〈我什麼都搞砸了〉。

這首主題曲的歌詞是這樣的：

我不如把過去 40 年直接扔進馬桶沖掉算了，我念大學不行，念法學院也搞砸，毀了前半段婚姻，還是個差勁的家長。要是我能更成功，有一間能招待孩子們來玩的房子，有錢加入鄉村俱樂部<sup>*</sup>，出席每一次的生日派對和每一場袋棍球比賽，在 10 年前買下亞馬遜的股票，住在不同的街道，有不一樣的朋友圈，做出不同的選擇。

要是我沒搞砸就好了。現在已經太遲了。都是我的錯。

## 重建你的自尊與自重

你腦袋裡多多少少也存在著類似的思維。認為自己在

---

\* 私人擁有的俱樂部，通常提供各種娛樂運動和餐飲娛樂設施。

事業、人際關係、健康上都犯了百萬個錯，現在一切都太遲了，人生已經毀了，不如扔進馬桶沖掉算了，對嗎？我以前就是那樣。

當我寫下這些話，連我也很難相信自己在這段時間的進步和改變，接下來讓我與你分享那段時間的故事。

就在幾年之前，我的人生驚險到彷彿是慢動作回顧的火車事故現場。我的自信低到谷底，在那段時間我瀕臨破產、婚姻岌岌可危、焦慮鋪天蓋地，再加上失業。我應付這些問題的手段，跟很多成年人一樣，用酒精麻痺自己、衝著丈夫大吼大叫、無所不用其極地逃避問題。

回首前塵，但願我是在開玩笑。老實說，正是有過這些經驗，我才會對自己分享的工具與研究信心十足，因為我全都親自測試過了，我知道這一套有效。

辛勤耕耘 10 年後，我已經改寫了那個故事，翻轉了人生。我現在是企業家、暢銷作家、行程滿檔的講者。如果你去看我的 YouTube 頻道，便能看到我的改變，成為一個自信地追求心之所向的人，在商場叱吒風雲。我灌溉著在不完美中透出美麗的 25 年婚姻，有 3 名優秀的子女。我就待在我應該待著的地方，我愛自己，自在地做自己，每天都勤奮地跟自己維持穩定的關係。

即使我家依然不是位在理想的那條街道，也沒有加入鄉村俱樂部，念大學與法學院的歲月不能重來，但我的確破除了執著於過去的習慣，不再為了前塵往事指責自己。

**脫胎換骨沒捷徑，得每天在小地方下工夫。**自尊或自愛是用錢買不到的，你得靠自己一步一腳印地打造，身分地位和財富多寡無法改變你的內在。你得誠實面對你最難以接受的那個自己，原諒曾經造成傷害的自己，下功夫成為更好的你。唯有如此，才能夠建立你想要的自重，並培養自尊。

### 你可以改變！

我們都會搞砸事情，人都會面臨失敗。你做過、見證過、撐過的那些糟糕透頂的事，是你最強而有力的老師。別再為了已經發生的事情指責自己，開始從你犯過的每一個錯誤記取教訓。這看似很簡單，卻不容易。既然我做得到，那你也行。

最困難的一步是翻轉你的焦點，從厭惡的過去，翻轉到想要開創的未來。車子的擋風玻璃比後視鏡大，是因為人們不該向後走，應該向前行駛，你必須向前看。

我相信人生可以捲土重來，就在你每天早晨起床時，每

天你都有一次機會可以望向鏡子，決定今天要做怎樣的人。你可以選擇，你可以改變。雖然你不能回到過去，但可以支持自己，把時間用在掌控局面，改變你的行為，打造讓你感到自豪的新篇章。

過去，我的生活扭曲到簡直無法辨識，我要帶你一窺我人生裡的兩段時光，講出來實在沒面子卻百分之百真實。

## 負面想法讓人每況愈下

念法學院的時期，是我人生最不堪的時期，我從小累積的焦慮達到臨界值，變得有瘋狂自毀的傾向，連續 3 年，每天我都是在驚慌失措中醒來。我剛進法學院就清楚明白我不想當律師，但是我對這輩子要幹麼完全沒概念，不知道我還能做什麼。

煩躁不安、壓力沉重、落於人後……，我時時刻刻都處在各種擔憂與焦慮中，而我的思維、行動和習慣又只會放大那些感受。此外，我身邊的人都很興奮自己進了法學院，我覺得自己格格不入，內心無比孤單。我討厭身為律師免不了的大量閱讀跟寫作（那時我還不知道自己有閱讀障礙跟注意

力不足過動症）。我一團糟。

當時我的作息是這樣的：

帶著宿醉起床，心想：可惡，我遲到了，我怎麼老是這樣？然後瞪著天花板，想想一天的課跟我的課業進度落後了多少。點根菸，在公寓裡來回踱步。出門後，先開車到老唐甜甜圈店（Dunkin' Donuts），買杯最大杯的咖啡，加上鮮奶油跟3包糖，再開車去上課。坐在教室裡，誠惶誠恐地害怕被點到名字。中午，戳弄著沙拉當午餐。下午，獨自坐在圖書館，試圖要認真念書，卻磨磨蹭蹭好幾個鐘頭，跟朋友聊天。下課後開車回家，跟室友共飲一瓶酒，直到入睡。隔天又帶著宿醉起床。

為自己打造了完美的窩囊日常，對吧？然而我沒有就此打住，我還持之以恆每天重複這套模式，整整3年。

即使此刻我說這些事情時，可以努力一笑置之，但老實講，我心裡很嘔。那段期間我只顧著焦慮，每天過得緊張兮兮，幾乎沒留下其他印象。看看我的思維及行為模式就曉得，我的日常選擇把我困在痛苦而破敗的循環中。負面的念頭猛烈來襲，我無法專注在任何事情上，只求撐完一天。我越是重複這樣的循環，心就越煩亂。負面的思緒會吞噬著你的神經系統，**負面的想法與感受令你墜入漩渦，不知道要如**

**何脫身。**

當你處於求生模式，狀況通常會不斷惡化，直到墜落谷底。要命的是，還真的是每況愈下。

我不僅搞砸了法學院的第一年，還砸個稀巴爛。

在法學院的第一個暑假，我在美國密西根州大湍城（Grand Rapids）的密西根州檢察署實習。檢察總長請我做一份密西根州累犯比率的研究專案。這是大好機會，不僅能深入了解一個我重視的主題，還可以為我的未來好好鋪路（州檢察總長是我的直屬長官）。但是這個專案的規模太大，我手足無措不知從何著手，連摸都沒摸一下，甚至沒有翻開任何一本書本。

那感覺又來了……

我的焦慮貫串了整個實習，甚至不記得開車上下班的車程（即使有 80 公里的距離）。當我感到不安，我不只是外在不自在，精神還經常脫離我的身體。當我覺得神經緊繃，心就會飄走、無法集中。心理學家把這稱為「解離」，而我精於此道。只要害怕，或覺得有風險，不論狀況為何，我的心都會疏遠人、地、感受、情緒。結果，我前半段人生的記

憶寥寥無幾,因為我的心不夠投入當下,留不住記憶。

但有件事我卻真真實實地記得:檢察總長在暑假的尾聲將我叫進他的辦公室。我面紅耳赤,涔涔而出的汗水都弄溼了我的外套。我為了延遲的專案編了十億個藉口,我走出辦公室後,便不曾回去,甚至沒有辭職,直接人間蒸發。我猜,我是在問題真的成為問題之前,便把別人當作妖魔鬼怪了。坦白說,這實在太丟人,所以我以前從來沒有分享過這段往事。

另一年,我在新墨西哥州的一家法律事務所找到完美的暑期工作,在預定到任的前一週,一想到要搭上飛機橫跨美國,獨自生活一個夏天,我突然恐慌大爆發,我打電話給事務所,說家裡臨時出了急事,不能上班。

這些聽起來像你認識的梅爾‧羅賓斯嗎?從我的故事中,可以看出我的負面思緒(我做不到)引發負面的感受(焦慮)與負面的行動(逃之夭夭),釀成漩渦。一旦你開始捲入漩渦,就得花點力氣才能突破離心力,離開漩渦。

我要強調,負面思緒(我做不到、我討厭自己、我一向就是個廢物)這些想法聽得太習慣了以後,你不見得會意識到自己那樣想,你也不會意識到,一再重複這些思維,它們有了自己的生命。

　　當然，我想要獲得成功且活得堅強，也想要好好把握這些機會。但我的腦袋沉溺在自己輸入的說法中：「我搞砸一切。」檢察總長下達的巨無霸專案，及新墨西哥的暑期工作，都是我的大好機會，但我卻看不出來，一覺得自己招架不住，便會摧毀機會或是逃避。當你相信自己會搞砸一切，逃避可能就是你會做的事，即使那表示你將夢想扔在路邊。

　　我得知我葬送這兩個大好機會，我對自己的觀感就更惡劣，捲入更深的漩渦，伴隨著更多的負面想法和恥辱，拖垮了志氣。

　　這就是最重要的根本道理，我得再強調一遍：**當你的負面思緒增加，你可能會困在悲慘思維的循環中。**這就是我在就讀法學院時的做法，我層層堆疊著負面的思維，直到自己窒息。我跌落谷底，覺得有一把巨大鐵鎚將我的人生砸成碎片，而揮動鐵鎚的人正是我自己。不論我用什麼手段試圖修補人生，我還是會墜毀，甚至起火。

　　當時我還沒發現你在這本書中會學到的技巧，我不知道童年心理創傷與自我破壞的行為是相關的。不知道如何不再將犯錯的矛頭指向自己，也不知道要如何相信「壞事無法證明我壞到骨子裡」。我這個人與我一做再做的事，都令我深深感到羞恥。而我的做法，跟大部分承受痛苦或危機的人一

樣 —— 試圖麻痺痛苦。拿來麻痺自己、埋葬痛苦的方法有千千萬萬種，酒精、毒品、衝動購物、吃吃喝喝……。

## 自我麻痺反而讓情況更惡化

這些自我麻痺的方法我全都用了，還背著我法學院的男友出軌，劈腿對象是我大學時代的男友，因為有心理學家提過：見不得光的性愛，是令人陶醉的舒壓方式，但我要告訴你，那也是破壞性極強的火藥桶，會炸毀你的生活，那正是我的下場。

最後，他們倆都發現了，我的人生再一次一敗塗地。我知道這件事很嚴重，背著男友出軌不僅搞砸了自己的生活，甚至連出軌這件事都搞砸了，因為他們倆都發現真相……我搞砸了一切！這真是最糟糕的情況。

招認我為了活下去而做的種種往事，並不是因為得意，而是要向你證明，如果你困在羞愧的漩渦和自我破壞行為的循環，你是有出路的。既然我能改變，你也行。

 **調校心態**

這不是我捲土重來的故事，而是你的！

　　幸好，慘烈的墜落與焚毀讓我去了一個地方 —— 心理醫師的沙發，就此開啟我畢生的個人成長之旅。在那裡，我逐漸明白是我自作自受。當然，我不是故意的，但我的童年創傷、思維模式、信念和行為，皆已成為潛意識心智的預設值，持續帶我走上這些瘋狂的自毀路線。

　　在心理醫師的諄諄善誘下，我終於能夠面對自己的遭遇，正視那些我為了活下去而做過的所有可惡事情。她也協助我認清，從現在起，我必須為人生裡所有的糟事負起責任。我誠實招認自己怎麼走上這條偏離正軌十萬八千里的路，逐漸遠離真正的本性。

　　我明明討厭自己墜落谷底，又怎麼會讓情況惡化成這樣？這時的我就跟我女兒一樣，抱持著「我是壞人」的信念，而我的人生和過往似乎就是證明。我持續跟自己講負面的話，即使我明白這些負面的思維會令我低落，但我實在不曉得怎樣平息腦袋裡的無情攻擊。

這事發生在播客、線上課程、自助書籍遍地開花的幾十年前。我對這個議題熱忱十足，之所以能毫不抱歉地分享我的掙扎，是因為過去的我有太多次的孤單與迷失。

## 你可以從現在翻轉局面

我領悟了：**當你認為自己搞砸了什麼，你便開始討厭自己。當你討厭起自己，必然會做你討厭的事。** 你的思維使你捲入漩渦之中。

同時我也學到了真相：**當你愛自己，必然會做你愛的事。當你敬重地對待自己，你會做可敬的事。當你讚美自己，你會做值得表揚的事。** 前面提過，你可以翻轉局面 —— 就是現在，你的潛意識和你過去的所有程式設定在跟你對戰。

打斷這些令你消沉不已的自我厭惡感，諸如：羞愧、懊悔、失敗、沒有自我價值……，你會被逼得看見真相：**你沒有壞掉，只是卡住了**。或許你做過一些惡劣的事，但你不是壞人，只是不知道如何做出不同的反應，因為你不明白，持續不斷的負面思維、過去的創傷、從小受到的管教，在你人生中扮演了何等關鍵的角色。

現在，你應該這麼做：

第一步：原諒自己為了活下去而做的一切。

下一步：靜默，驅逐住在你腦袋裡的那個惡霸。

# 第 6 章
# 移除負面想法像洗衣服一樣

　　每個人或多或少會對自己有負面的言論或信念，像是：我什麼都會搞砸、我很壞、我很醜、我很失敗……。

　　或許你失敗過，輸得一塌糊塗。也許你贏不了選美比賽。可能你是朋友圈裡最矮的人。這些或許是事實，但是**想這些對你有什麼用？現在不是應該對自己好一點嗎？**

　　我先生說得對：「千萬要小心，別讓這些負面的想法卡在腦袋裡，循環播放。」問題是，到底要如何移除？如果你認真凝視鏡子，看到的是滿滿的懊悔、懷疑與失望的話，信不信由你，移除的步驟跟洗衣服一樣簡單。

## 髒衣服與負面思維的相似之處

　　說不清有多少次，當我打開乾衣機，準備將溼衣服放進去，又注意到棉絮濾網卡滿了棉絮。來人啊！難道我們家只

有我知道怎麼拈起食指和拇指，撕下濾網上的棉絮嗎？那裡總是積滿了厚厚實實的一層棉絮，完全堵住濾網。

有一天，我一如往常地清理乾衣機的濾網，我頓悟了，就像乾衣機的濾網，你我內心都堆放著各種垃圾，那是長期累積下來的。

至於我們逃都逃不掉的負面思維，就像你在人生裡累積的棉絮殘渣，從你的童年開始累積，形式不一。別人的意見、負面的自我對話、抵制、失望、心碎、歧視、創傷、愧疚、自我懷疑等，這些經歷造成了「精神棉絮」，它堵塞你的頭腦並阻礙你，令你無法讚美自己。

用棉絮來比擬，不只是一個可愛的譬喻，在你的大腦中真的有一片濾網，叫做網狀活化系統（Reticular Activating System，簡稱 RAS）。我將它稱做「濾網」，是因為負面的經歷往往會卡在這裡，但嚴格說起來，它是活生生的神經元網路，就像一張覆蓋住大腦的網。當大腦濾網塞滿了你過往的思維、信念、經歷，你便會困在過去，所以會一再重蹈覆轍，想著相同的負面思維，或活在頭腦的回音裡。

擊掌習慣與本書的所有工具，就像伸出拇指和食指，剝除濾網上累積的垃圾，也因此，我要你每天照表操課。洗衣服不可能不掉棉絮，而在你人生中的每一天，也不可能沒有

令你覺得糟糕的感受或想法。重點是別讓負面的思緒越積越多，你要學會天天清理殘渣，不讓殘渣卡在體內。

## 腦中的警衛，幫你過濾你看重的事

有些專家將網狀活化系統稱為「頭腦的警衛」或「守門員」，因為它肩負重責大任，負責決定要讓哪些訊息進入你的意識心智，哪些訊息則擋在外面，過濾著不計其數的訊息。每天，大腦中的警衛要審查 34 GB 的數據（相當於 24 小時處理完 3 年分的手機資料）。

理解腦中警衛的工作有多繁重，你就會明白為什麼得拉它一把，它才能拉你離開無底的深淵。老實說，它不只需要你拉一把，還需要你的擁抱和安慰，因為它一直超時工作，在你滿坑滿谷的陳年垃圾堆裡，幫你過濾全世界。

大腦濾網會在沒有知會意識心智的情況下，過濾掉周遭 99％的事物，否則超載的資訊會塞爆你的頭腦。

只有 4 種資訊一定會通過腦中警衛的把關，進入你的意識心智：

1. 呼喚你名字的聲音。
2. 一切可能會危害你與心愛之人的事物。
3. 你的伴侶想要做愛的訊號。
4. 大腦濾網認為你很重視的所有事情（這表示任何你一再重複的思緒，或關注的主題，大腦濾網會認為這些很重要）。

第 4 項是關鍵，因為如果你知道自己重視什麼，就能訓練大腦濾網過濾外界資訊，協助你找到在乎的訊息。想想這個情報的影響力，你可以教導頭腦找到你要看見的事物，專注在能夠提升你、支持你的事物，或是令你更快樂而自豪的事物，以及帶領你邁向夢想的事物。

此刻，若大腦濾網相信你要看見國中時期的世界，代表你對自己的看法，從國中起就沒變過！


## 清理你的大腦濾網

當你懂得操作方式，大腦濾網會成為探照燈，掃過你前方的路徑，用光束照亮一切。發掘在附近等候著你的機會、

巧合與隱藏的驚喜。只要告知大腦濾網你想看見什麼，它會為你效勞。

　　但如果你的日常生活搭配著負面的思維，比如：我很失敗、我很壞、我不夠好、反正我諸事不順又何必嘗試等，大腦濾網會找出每一個不順、每一個障礙、每一個困難，來證明你的暗示。

　　以我的丈夫克里斯為例。他曾經長期認為且相信自己很失敗，好幾年當他面對鏡子，只看到一個失敗的人，並且他有各式各樣的「證據」可以證明自己的失敗。比如：剛出社會時工作換了一個又一個，然後他開了一間披薩餐廳，同時從事批發生意，朋友跟家人都投資了，他與他最要好的朋友盡心又盡力，但 7 年後店卻倒閉了。

　　在餐廳生意慘澹的最後幾年，生活是既難熬又恐怖的跌宕起伏，我們當初是拿房子去抵押貸款的。債務洶洶湧來，恐懼是必然的，只有醉到無法思考這些事的時候例外，那時我們經常爛醉如泥。

　　當克里斯結束生意，他一蹶不振，彷彿成了一副空殼。而這時，我成為經濟支柱，因為我們別無選擇（那時我嘔死了），憑著上帝的恩典與極大量的心血，現在我明白了，這正是我該做的事。無論如何，我都不想重溫那些年的日子，

有時焦慮傾壓而來，連下床都很勉強。

　　我一度不想為自己的人生、自己的療癒、自己的未來負責任。當我意識到克里斯不會救我，我氣壞了，儘管我很不爽，但我知道真相：如果要反轉這慘烈的事態，一定要從我開始。我告訴自己：「你得奮戰、得找到下床的理由。」即使那個理由只是為了不讓你浪費 1 小時沉溺於恐懼。你得用一個目標穩住自己，讓自己向目標前進，即使目標只是起床，達成目標便會讓一天的心情不會那麼差。

　　在那一刻，改變我人生的決定，僅是拖著自己下床。我決定挺身穿越恐懼，不要躺在床上浸泡在恐懼中。當你陷落到情緒的谷底，你得擠出勇氣告訴自己：**我不要這樣對待自己，我要改變**。

　　我就是在那段時間發明了「五秒法則」，就像美國國家航空暨太空總署（NASA）以 5、4、3、2、1 的倒數來發射火箭，我倒數 5、4、3、2、1，趁著負面的想法還沒壓制我之前動起來。我認真執行近乎完美，鬧鐘一響，不瞪著天花板、沒有恐慌發作、沒有按下貪睡鈕，也沒有翻身，把頭埋在枕頭下阻斷白晝。倒數 5、4、3、2、1，馬上振作起來。

　　我用五秒法則讓自己下床。用它停止怪罪克里斯，開始將我的火力與精力，拿來解決我能解決的事。用它停止灌

自己酒。用它打推銷電話,因此進入一間數位行銷公司做兼職、通過廣播節目的甄選、開始主持週六的晨間諮詢節目。我也用五秒法則跟朋友們聯絡,說出難以啟齒的真相,請求協助。

每天起床重來一次,再一次,又一次。慢慢地,日復一日,我的生命開始轉變,因為我改變每一天的生活方式。就像跑馬拉松,一次踏出一步邁向終點,你一步又一步地改變生命。

現在想想,我好希望那時候也知道擊掌習慣這件事,因為我腦袋裡的聲音不肯閉嘴。要是我那時候對自己和善一點,全程鼓勵自己,那一段歷程會輕鬆許多。

## 別讓往事把你困在過去

我很感恩五秒法則,以及人生中所有的教訓。回顧我們如何跌落谷底又爬出來,我得到了跟克里斯截然不同的觀點。沒有我們那一段煎熬的時期,便不會有成功的故事,也不會有五秒法則。我很感恩我認識到自己的強大與寬恕的力量;很感恩克里斯為我們的孩子們,做了幾年的家庭主夫,

同時不忘照顧自己療傷止痛的需求。他一向都希望能多陪陪孩子們，而我的講師事業漸漸成長，克里斯便出面了，成為協助我打造事業的關鍵角色。

對我來說，這段插曲是讓我們擁有美好新氣象的人生篇章，當初的經商失敗讓我們在婚姻、人生、家庭中，都找到正確的角色。我認為那痛苦的經歷，鋪陳出一個不可思議的成功故事，而且說真的，我認為那都過去了。

但克里斯完全不這麼想。

不管他怎麼看，都只會看到他的失敗。如果他去接孩子們放學 —— 他很失敗。他修剪我們家的草坪 —— 他很失敗。他烹煮晚飯 —— 他很失敗。在高中的家長會擔任會長 —— 他很失敗。即使孩子們總是告訴他：「跟爸爸共度的時光，是童年最珍貴的禮物。」仍無法改變克里斯對自己的感受 —— 他覺得自己很失敗。

當他回歸職場，他的故事和想法依舊一樣。他是「梅爾的」公司財務長，這是他生意失敗的汙點，他無視這是「我們的」事業，也無視在法律文件上，他是我公司50%的共同創辦人。他認為自己事業失敗，開餐廳卻「賠掉」別人的

錢，覺得自己沒有價值、很可恥，那感覺怎樣都甩不掉。

我們都曾這樣對待自己。

我們的日常生活中總會有「配樂」，只要將克里斯的信念（我很失敗）替換成你的信念（可能是我什麼都搞砸了、每個人都討厭我等）。

克里斯的故事與我自己的無數故事，只不過是腦中警衛把整個人生都帶歪的幾個例子。我相信你可以從自己的人生看見類似的模式。當你開始重複自己的負面信念，大腦濾網便會過濾世界來讓那些信念成立。

當克里斯站在袋棍球的球場上，擔任我們女兒所屬的袋棍球隊教練，他不認為自己擁有彈性與時間是一種成功。他緊盯著在場邊踱來踱去講手機的爸爸（大概是公司的電話會議吧）。轟，這肯定了克里斯的信念：我很失敗、我不應該當教練、我應該跟那個人一樣。

即使我跟他說，他是世界上最棒的爸爸，要不是有他在，我不可能做我現在做的事，然而再怎麼說都是徒費口舌，因為他腦袋裡的警衛會攔截不符合信念的訊息。如果他跟我們的會計師為下一個年度的稅務規畫開會，他不會覺得

他是在「我們的」公司擔任財務長,而是「我的」公司——
他又失敗了。

我們要從這些故事記取的重點是:你的大腦就如同電腦,有明確的程式設定,別人不能改寫你的程式。我不能改變我丈夫或女兒的信念,也不能改變你的信念。你只能靠自己作出決斷,認清你已經厭倦了這些烏煙瘴氣的想法。程式(你的信念與大腦濾網)是可以改寫的,你的意識心智隨侍在側,等你吩咐要它如何幫忙,而你腦中的警衛就是傳送訊息的關鍵。

或許這個觀點能幫助你:**沒人還在惦記 5 年前的舊事,只剩下你在想**。沒人像你那麼認真地記帳,是自己在造冊記錄全部的疏失、錯誤、問題,以致你聚焦在所有的疏失、錯誤、問題。於是,你對自己形成了有害又失真的信念,這些信念彷彿是圍牆,一直把怒氣困在過去。何不將自己從精神監獄釋放出來?你已經服完刑期了,已經鞭撻過自己了。該從過去解放自己了,開始專注在你要創造的未來。首先,要認清你的確編了一個足以擊垮你的信念。

克里斯開始進入內心,透過冥想、治療去療癒自己,他成為身體力行的佛教徒,逐漸復原。幾年後,他找到自己的路,走向更有意義的人生。他為男性建立一個僻靜中心,稱

為靈魂學位（Soul Degree），讓男性有機會聚在一起嘗試沒做過的事，也抽出時間給自己，接觸其他人的生命經驗，重新連結自己的內心深處，以及更強大的生命能量。既然克里斯跟我可以翻轉人生，你也行，就藉你的大腦濾網。

## 改變你跟自己說的話

我相信你有失戀、分手的經驗，在那時，連續幾天、幾週、甚至幾個月，你只看得到令你記起前任的事物。你重複聆聽悲傷的歌曲，悶悶不樂。你在社群網路上追蹤前任的動向。這些舉動全都在告訴你腦中的警衛：「前任仍然很重要。」即使你已經幾個星期、幾個月沒見到他，會讓你想起他的事物依然隨處可見。

突然間，你認識了新對象，腦中的警衛彷彿從隊伍裡踢走了前任，讓你的新戀人排到第一排。等你回過神時，看到的全是戀愛中的人，聽到的都是甜蜜的情歌，世界上每個人似乎都跟你一樣快樂，這都是拜大腦濾網之賜。你發現了嗎？你再也沒看到任何會讓你記起前任的事物。

當你在乎的事情變了，你看待世界跟自己的角度也變

了，大腦濾網會過濾掉關於前任的所有，包含各種往事跟討厭的感覺，為你敞開新的門扉，迎接與新戀情有關的事物。當你決定要停止鞭撻自己時，腦中警衛就會照辦。

你不斷告訴自己的訊息、跟自己訴說的故事，對大腦濾網來說至關重要。如果你繼續重複你的故事，傳遞著你很失敗、你是壞人、挑剔自己的外貌、不滿銀行帳戶等消息，它會相信這些事很重要，會想辦法給你看見更多理由，來證明你認定的事。

反之亦然，如果你改變你跟自己說的話，將「我是壞人」轉變為「我是正在琢磨中的璞玉，而我持續變好」，你越常重複這句話，你腦中的警衛就會越快回應你。

## 翻轉角度，重新看待生命的方法

我要教你一個轉換角度，重新看待生命的方法。如果你願意試試看，並且加入擊掌挑戰，你會在生活中看見真實且令人振奮的變化。我們開始吧！

> ✗ 目前的限制性信念：我什麼都搞砸了。我很失敗。
>
> ✓ 翻轉：我原諒自己為了活下去而做的事。未來的每一天，我都會變成更好的我。

你得看見真相，當你相信你把生命裡的每一件事都搞砸了，你只是抱持了錯誤的信念。當你告訴自己「我毀了一切」，你證實了兩件事：

1. 你具有極其強大的能力，令你在生命中持續創造出單一類型的結果，從無變化。
2. 那結果是不好的。

仔細想想，其實你的影響力非常巨大且無所不在，不亞於大自然的力量。當你靠近某件事物，或是某件事在你的生命中發生，即使是美好的事物，也會因為你的到來和參與，

變得雞飛狗跳。雖然這看起來很悲觀，但我得告訴你，注意到自己擁有這種力量，是非常好的起點。

你道出了一個真相與一個謊言。

你確實強大，這是真相。你走到哪裡，都可以看到證據以證明你的能力，也就是你的所有爛帳。要是你毫無力量，這輩子沒辦法始終如一地搞出毀天滅地的禍害。

回首前塵，我有辦法細數出我在人生裡鬧出的所有問題：法學院、我的兩份工作和我的兩位男友，在四十幾歲跌落谷底，還怪罪到克里斯頭上。這些事件彷彿隨意堆在路邊的垃圾堆，我居然每一堆都踩過一腳，沒有漏掉哪一堆。

仔細去回顧你所有的爛攤子，既然你可以在人生裡弄出如此高聳的一堆垃圾，你也有力量去開創真正美好的事物。

 **調校心態**

既然你都能製造出一堆堆的垃圾了，為什麼不為你的人生留下閃亮的記號呢？

在生命中要顯化出美妙的結果，跟顯化糟糕的結果一樣容易。但一切都要看你相信自己有哪些能耐，以及你要聚焦的焦點，如果你只想著你如何創造生命中的壞事，一定要翻轉這個狀態，並顛覆那個信念。

採取行動！

如果你早晨起床照鏡子的反應是「啊！」你就會過上「啊」的一天。

以對著鏡子擊掌展開你的一天，並抱持著「我原諒自己，我正在成為更好的自己」的信念，當你打開門，就會迎接一個新世界。

 調校心態

我不喜歡這件事，但我可以控制自己的反應模式。

你已經具備以某種角度看待世事的精湛技能與習慣，要是你能夠建立同等強大的技能組合，但追求完全相反的結

果呢？

　　如果左滑頁面不是你要的，那改成向右滑呢？

　　與其說：「又來了！我失誤了。」改說：「我要怎麼解決這件事？」或是，「要怎麼處理這個情況，才能得到對我最有利的結果？有什麼事情在我的掌控之下？」

　　「我搞砸了」不是你唯一會有的結果。

　　還有一個重點，如果你認定事情導向失敗，都是因為你不好，至少在事情很成功、很順利的時候，承認自己的本事。以下提供兩句有助於你翻轉信念的話：

> ✔ 我可以解決任何問題（或是：我有足夠的能力收拾任何爛攤子）。
>
> ✔ 這件事是在幫我打基礎，以迎接即將來臨的好事（或是：那是在給我奠定基礎，我不是在搞砸事情，是在學習）。

## 與生俱來的心理彈性

大腦濾網還有一個很美妙的特性：訓練它為你效勞非常簡單。這種心理彈性是你與生俱來的，存在於你的體內。可能在你沒意識到的情況下，就已經體驗過它的威力。用選購一輛新車來舉例，讓你明白腦中的警衛多麼樂於幫忙！

假設你要買新車，決定要試駕一輛紅色的 Acura*。你非常喜歡它，因為紅色很好看，而且在你的生活圈中，認識的人都不是開 Acura，再加上參考資料提到這種車可靠又安全。

停下來想一想，你記得最後一次看到紅色 Acura 是什麼時候嗎？除非你自己有一輛，或是在 Acura 經銷商工作，我敢說，你絕對想不出答案，因為在此刻之前，那對你不重要。既然不重要，腦中警衛便會將所有紅色 Acura 都擋在你的意識心智之外。

說不定紅色 Acura 就在眼前，天天從你身邊駛過，但那些車對你來說不重要，直到現在我們提到它。

你的大腦對駛過你身邊或停在路邊的每一輛車，無法有意識地辨識車廠及車款，是因為你的大腦濾網會將過載的資

---

* 日本本田汽車旗下的豪華汽車品牌。

訊擋在意識心智之外。

當然，你可能有看到那些車，只是不會去注意任何資訊，資訊來了又走，從大腦的濾網流出去。就像我家女兒去酒吧，即使她看到的人們沒有她想像中那麼完美，她仍注意不到。

從你考慮買一輛紅色的 Acura，那一瞬間，極其靈敏的大腦濾網便立刻修改了自己的過濾系統。想買紅色 Acura 的念頭，讓你腦袋裡的濾網變乾淨、靈敏了。當你蒐集資料、親自試駕、貨比三家、簽署文件、從停車場開走新車、在 Instagram 發文，神經元網路便會逐漸壯大。這些思緒與行動通通都在告訴你的大腦濾網：你喜愛紅色的 Acura。說時遲那時快，一夕之間，你開車上路一定會看到紅色 Acura。這是因為你腦中的警衛，俐落地將紅色 Acura 從大腦的潛意識深處，一路拉到潛意識心智前方。

例子不勝枚舉，可以展示大腦濾網是如何拚死拚活，將它覺得你重視的事物都指出來給你看。

以克里斯為例，他的大腦濾網阻斷女兒的每一個讚美：「爸，我運氣真好，家裡有你在。」讓他去鎖定講手機的那一位商業人士，就是因為大腦認為失敗這件事對他來說很重要。畢竟已經在事業上感到那麼久的挫敗了，大腦濾網就認

為挫敗感很重要。

　　而想著「我是壞人」的情況也一樣。如果你想著自己是壞蛋，每一次說出難以啟齒的話，就會覺得自己壞，這時你會聚焦在朋友的反應上，而忽略掉其實你應該自豪你主動畫出了界線。

## 逃離壞念頭給大腦的暗示

　　讓我們更深入地剖析這一點，因為這實在太重要了。

　　當你一再重申負面的自我對話，大腦就會相信那很重要。就像紅色 Acura，腦中的警衛會掃描環境，設法證實紅色 Acura 的存在。因此若腦中的警衛接收你的負面思維，就會去找出證據，諸如：我長得很噁心、我討厭我的身體、為什麼我不能變漂亮……

　　你的思維告訴你的大腦什麼是重要事項，因此你才會覺得自己困在一個凡事都衝著你來、跟你作對的世界。

　　要重新訓練大腦濾網擺脫自我貶抑，始於每一天早晨的浴室鏡子。你對著鏡中人所說的話、你給他的待遇很重要。所以，就從明天起，你最好每天起床跟自己擊掌，因為腦中

的警衛在盯著看呢！一直在觀察你。

我舉了很多例子，解釋得這麼詳盡，是因為我想要讓你明白擊掌為什麼有效。你可能會半信半疑，所以藉由科學原理，拆解過往的經歷如何影響信念，再從大腦分析腦中濾網如何運作，以及為何這張濾網需要你幫忙。你腦袋裡的警衛想要幫你。

目前，你因為過去的經歷，傾向於活在低落的精神狀態與情緒中，所以你自信、自尊和拚勁都很低落。然而擊掌習慣可以徹底反轉局勢，協助你恢復人類天生的設計，讓精神及情緒恢復較高昂的狀態 —— 可以激勵你採取行動的狀態。

**新生活不是你想想就會有的，必須靠你用行動來開創，一次一個擊掌。**為了締造改變而採取始終如一的行動並不容易，但你做得到。

 調校心態

改變你看世界的眼光，你看著的世界就改變了。

就是這麼簡單。我明白你遭遇到的問題嚴峻,難以招架且確實存在。**養成擊掌習慣不會改變現實,它改變的是你。你對自己的看法、你能夠做到的事、你如何看待世界、你能開創的機會或解決方案。**

當你相信,只要做到這個小而有力的動作,就會有好事發生,並且扎根在信心中,你就可以驅策自己前進。

每一天,大腦都會蒐集對你和你的未來很重要的新訊息。大腦會順從你的意志,以全新的方式過濾世界,幫忙你得到心之所向。換個角度看事情雖不會讓問題消失,但可以讓你看見不同解決方式、不同的機會、不同的可能性,這是你以前看不見的。一切就都不一樣了。

問題是,除了擊掌,還能怎樣訓練大腦濾網為自己效勞?要有心理準備喔!我家女兒聽到,覺得和「對著鏡中的自己擊掌」一樣呆。讓我們來摘掉那副負面墨鏡,捨棄你告訴自己的恐怖話語,開始訓練你的大腦以全新的方式看見自己與未來。

# PART 3

## 找回突破困境的
## 擊掌精神

# 第 7 章
# 利用轉念改造大腦

## 格式化你的大腦濾網

　　我跟女兒們解釋擊掌習慣時，其中一位說：「如果我對著鏡子跟自己擊掌，我就不會想著我是壞人了，這是真的嗎？」

　　我聽出她的懷疑，決定換一個方式：「我知道這聽起來很不可思議，但如果我可以證明，妳們能即時改變對自己的看法呢？」

　　「那我真的不會再被『我是壞人』的念頭充斥著思緒了嗎？」她說，「可以的話就太好了。」

　　我為她們解釋紅色 Acura 的例子，一個女兒靈光一閃：「對耶！我有經驗。我的室友買了一輛福斯金龜車。以前我沒看過那個車款，現在我到哪都看得到！有夠扯的。」

我說：「沒錯。妳的大腦改變了妳看世界的眼光，而且是立刻。既然妳說：『我是壞蛋。』大概每天都有某些事，讓妳覺得自己的想法正確，對嗎？」

她說：「對。我昨天忘記要看牙，錯過了跟牙醫預約的時間，我立刻怪自己，覺得我什麼都會搞砸。」

「這是個好例子。現在，我們來學著轉念。要教導妳的頭腦，不要把生活上的所有事情，都當作妳是壞人的證據。妳可以忘記牙醫的門診預約，就讓這件事從頭腦裡過去，不要再加上『我是壞蛋』這句話。妳只要仔細思考，在搞砸事情的時候，要對自己抱持什麼想法，並明確地告訴妳的頭腦。」

她一副好奇寶寶的樣子。「真的嗎？怎麼做？」

「首先，我們要玩一個簡單的遊戲，訓練妳的頭腦，這遊戲會即時改變妳看世界的方式。每天從妳的周遭找出一個自然出現的心形物。心形的岩石、心形的葉子、車庫地板上的心形油漬，或是卡布奇諾上的心形奶泡，任何心形都算。」

「就像我們去海灘散步，妳總會找心形石頭一樣嗎？」

「對。」

「認真的嗎？我沒聽過這麼白痴的事，媽。」

　　另一個女兒插嘴：「我有同感，這怎麼幫助我，讓我不再覺得自己是朋友圈中最大隻的女生？我真的是最大隻的耶！我想要妳教我怎麼活得快樂又成功，能讓我在新工作賺大錢。妳是自助型的人。透過觀察地上的石頭，怎麼幫助我改變對自己的看法？」

　　針對她們的擔憂和疑慮，我有很棒的答案。我告訴她們：「這項練習的用意，是訓練妳們的頭腦去關注目前被屏蔽在外的東西，向自己證明，只要妳交代大腦什麼對自己來說很重要，大腦就會為妳們效勞。」

　　我接著說：「想賺大錢的話，最好訓練大腦看見別人沒注意到的機會跟買賣，就像妳們沒有找心形，就看不見地上早就存在的心形石頭。如果妳們不想再想著自己很壞，不想再挑剔自己的外表，就應該訓練頭腦別再把念頭跟看見的一切掛鉤。」

　　我看出她們在思考和吸收我的論點。於是，我繼續深入：「況且，如果我叫妳們重複一句句正向的話語，像是『我很美』或『我是好人』，妳們一定會覺得很蠢，因為妳們現在不相信這些話。所以我得先證明，妳們的力量足以改變頭腦看見的東西，然後妳們就會相信我的說法，用這些『好蠢』的工具改變看自己的眼光。」

即使是好人也會有犯錯的時候，你不會因為這樣就成了壞人。就算你很壞，就一定沒人愛嗎？一切都關乎看事情的角度，換個角度看事情，好讓你覺得自己有力量且受到支持。想像當你追求著身體健康，要是可以平息那些斥責，多愛自己一點，目標豈不是容易得多，甚至還會覺得心滿意足。

我的論點已經讓女兒們心服口服，她們也因此想了解怎麼練習去尋找心形。

## 輪到你了，我是認真的

明天開始，從你的周遭找出一個自然出現的心形。找到時，記得停下來看著它，或拍照記錄下來，品味這個時刻。我告訴自己去找尋心形已經有一陣子了，每次看到依然覺得很酷。尋找心形的練習，會把生活變成一場尋寶遊戲，每天醒來都會抱著期待，知道今天某個時刻，你會偶然碰見注定要找到的祕密小愛心。

這項練習會讓你見識到大腦濾網的力量，體驗到頭腦切換的速度有多麼神速，當你向大腦下達命令，想看見什麼，在你生活中就會看見。也向你證明，你有能力換不同方式看待世界，這就表示你可以從不同的角度，去看見自己和你在

世界上的位置。

如果你試著找心形卻沒看到，大概是因為你半信半疑，或是覺得這舉動很呆，於是你告訴大腦濾網：「這不重要。」如果你想要有開放的胸襟，以翻轉負面的思維，就得移除會阻擋你採取行動的那些障礙。

將信將疑、疑慮、憤世嫉俗就像乾衣機裡的棉絮，它們會阻礙你改變。尋找愛心是在簡單情境中，練習將心態改成樂觀、正向的方法。如果尋找心形這般簡單的情境遊戲，沒有辦法改變你的心態和角度，當情境變得複雜，你也沒辦法在各種情況中找出機遇。


## 換個角度看世界

這個練習進行一週，你便會了解到，原來這世界還有很多事，是你的頭腦目前還沒帶你體驗的。我已經養成這個習慣好幾年了，照樣天天尋找心形。如果你有追蹤我的社群媒體，便會看到我總會將找到的心形發布在貼文中。而每一天，世界各地的人也會標記我，分享他們找到的心形。

當你養成了找心形的習慣，你可以試試強化版的做法：

假設每個心形都是刻意出現在那裡，讓你找到的。當你真的找到了，閉上雙眼且微笑，看能不能感受到連結某種盛大力量的溫暖波動，一種用言語無法表達的力量。這就是目前我在做的練習，這讓我覺得上帝跟宇宙在支持我、引導我。

有一股在冥冥之中運作的能量，在設法協助你換個角度看世界。你會在許多線索的引領下，朝著目標前進，達成始終做不到的成就。過去，你只是看待事物的眼光不對，一旦你開始找到這些心形，你會驚訝大腦真的會乖乖聽話，讓你看見要求看到的東西。

等你駕輕就熟，便可以試著讓誇張的象徵符號、事物出現在你的生活中啦！我敢說看到這裡，你一定回顧過人生，回想一件件往事是如何串聯起來，牽引你變成如今的模樣。訓練大腦濾網還有個妙處，它會協助你串聯前進的線索，串起這一刻到你預想中的未來。在你運用本書分享的技巧時，心智會發揮功能，幫助你如願以償。在第 14 章，我會與你分享一個不可思議的故事，並以科學的角度，拆解我如何操作大腦濾網，以堅定不移的信念，讓我把一件不可思議的東西，顯化在我的生命中，而你也做得到。

圖表 **7-1** 世界各地網友在 **Instagram** 與梅爾分享尋找心形的成果

# 建立新的信念

　　現在你認識了大腦濾網，也開始尋找周遭的心形了，就該好好整頓腦中反覆播放的負面信念了。斬草除根的時候到了，將陳舊且會干擾你的思維模式，替換成你想要的感受。

　　要改變腦袋裡的負面配樂有三個步驟，我希望你能跟著步驟開始執行：

## 步驟一：我不要這樣想

　　負面思維總是會在不經意時蹦出來，雖然難以抵擋，但你可以打斷它們。**透過將擊掌習慣口語化來趕走負面念頭。你可以選擇你的思維，也代表你可以選擇你不要想的思維。**

　　「什麼都行不通」、「我老是搞砸」、「永遠不會有人愛我」等，當負面想法浮上心頭，立刻用強大的一句話重新導正你的大腦濾網：**「我不要這樣想。」**

　　檢查濾網就相當於督促你檢查自己的思維，超級簡單。如果你是容易想太多的人，或你很愛操心，動不動就覺得天要塌了，常被恐懼癱瘓，難以應付焦慮等情況，這個技巧可以改變你的生活。稍後，我會告訴你如何訓練大腦濾網，將

預設值重新設定成你想要的想法。

關於這一點，請容我再多花一點時間談談，如何有效地「打斷憂慮」，這個步驟就像將乾衣機濾網上的棉絮抹除。

幾年前，為了打斷時不時會出現，並令我感到焦慮的想法，我開始用這個方式。當時我一天要告訴自己「我不要這樣想」的次數相當驚人，這令我大開眼界，原來我的負面配樂那麼頻繁地在我腦中播放。

哪個朋友沒有立刻回覆我的電子郵件或電話，負面的聲音會說：「他們一定在生我的氣。」但我會逮到這個聲音，反駁它：「我不要這樣想。」

在社群網站上，我看到有人張貼照片，在一望無際的海邊，愜意地將腳擱在躺椅上，我會冒出妒意，聽見心中有個聲音說：「我、討、厭、她。」這時我會立刻抨擊自己：「我永遠負擔不起那種假期。」直到最後，我仍以「我不要這樣想」打斷自己。

假如我看到照片中的自己穿著短褲，我會自動自發地貶抑自己：「天啊！我的橘皮組織好噁心。」直到我蹦出「我不要這樣想」這句話為止。

你的負面聲音有個顯而易見的弱點：它討厭被打斷，被勒令閉嘴。每當它出現一次，就消滅一句，你可以在負面念

頭卡進腦海之前，就先甩掉它們。

本書一開始，我就提到，心智的存在和作用，是協助你如願以償。你初來乍到這個未知世界時，是一個樂意承擔風險的小小探險家，無畏無懼地不斷嘗試新事物。不僅信任自己，且喜愛在鏡子裡看到自己。

你現在正在學習的新技巧，便是引導你重新發掘自己的核心本質。

## 步驟二：提醒自己

一旦你懂得用「我不要這樣想」打斷你的負面思想，同時就該建立新信念取代負面思想，以新的信念告訴大腦濾網你想要它看見什麼，而且你的心要相信那是事實。前面我們解釋過，為何大多數的正向真言行不通，是因為你不相信，所以你的心排斥那些話。你不能只是不斷地複誦「我是很棒的人」或「我超級漂亮」，就指望你的大腦濾網找出證據。

重要的是，充滿意義的真言，必須是你現在能夠相信的話。那要怎麼做呢？我會列出幾句我喜愛的真言，提供給你嘗試。透過多次的嘗試，找出對你來說最合適的，大聲地說出口告訴自己，看看你的心作何反應，是否會冒出一百萬個

理由，主張這句真言不符合事實？那就再試別的，直到找出你的心認同且會跟你擊掌的那一句。你會感受到這句話對你來說是別具意義的，因為在你說出口的時候，你會想要對著鏡子擊掌。這句話會讓你立刻在心中告訴自己：「就是這一句！」當你找到適合的句子，你會有感應的。

- ✓ 今天值得我舒心愉快的度過。
- ✓ 不如意的日子是美好人生的一環。
- ✓ 照顧自己是必要且應得的。
- ✓ 失敗是很討厭啦，但我卻因此更堅強、更明智。
- ✓ 我相信這會讓我準備好迎接未來的事。
- ✓ 今天會是美好的一天。
- ✓ 我現在這個樣子就夠好了。
- ✓ 我會搞定的。
- ✓ 每一天，我都變得堅強一點點。

✓ 我很自豪今天有做該做的事。

✓ 我應付得來。

✓ 今天是我嘗試新事物的機會。

✓ 我今天就可以行動。

✓ 儘管事情很棘手，我知道事情都會過去的。

✓ 我允許自己做一塊仍在打磨中的璞玉。

✓ 我這個人最沒意思的地方是我的長相。

✓ 新的篇章才剛開始。

✓ 我值得美好的事物。

✓ 我是一個每天都有所成長的人。

✓ 我選擇專注在我能改變的事情上。

✓ 這是暫時的。

✓ 如果我努力的話，就一定做得到。

你可能有注意過,許多健身房、瑜伽或飛輪教室的牆壁上都貼著勵志的金言良語。凡事皆有可能。吸進自信,吐出疑慮。力量來自你自己,你行的。這些勵志短語就是將看得到的提示,安置在你執行改變行動的地方。若要建立起新信念,也應該比照辦理,當你看見提示,就會記得實踐。

哈佛大學與華頓商學院(Wharton)的研究人員發現,當人們設置立意良善的提示,有兩個因素會加強人們的執行動機:

1. 有些出乎意料,會引起大腦的注意。
2. 將提示放置在執行這項新習慣的確切地點。

根據這個研究,我會建議你在浴室鏡子設置一個提示,在每天早晨提醒你與自己擊掌,並且看見你的正向真言。

自從推出 High5Challenge.com,已有數以千計的人參與,並分享他們寫在浴室的提示,以提醒自己落實擊掌的日常習慣。

分享幾個我看到之後覺得很喜歡的做法:

• 在便利貼寫下真言,貼在鏡子上提醒你跟自己擊掌。

- 在浴室鏡子上用口紅或眼線筆描繪出你的手，並把真言寫在下方。
- 在美術紙上描出你的手型，裁剪下來，將真言寫在中間，用膠帶貼到鏡子上。
- 用白板筆在鏡子上畫圖。
- 在一個罐子裡裝滿給自己的訊息。每天早晨，抽出一張並與自己擊掌！
- 將一件物品（越隨機越好）放在浴室，在上面貼上真言紙條。

## 步驟三：舉手投足都要一致

既然你已經會跟自己的負面信念頂嘴，用新真言取代負面念頭，接著就來到最關鍵的一步：**你必須採取與正向新信念一致的實際行動。**

要改變你對自己的看法，最有效的方法，是運用關於行為活化療法（Behavioral Activation Therapy）的大量科學研究，這種療癒方式簡單卻相當有效。

行為活化療法主張你必須表現得與你要成為的人一樣，無論你現在感覺如何。這不只能夠創造動力，威力還很強

大，因為大腦會看到你正在採取行動。你的負面思維過於根深蒂固，光是跟自己講道理、說服自己，不足以革除陳腐的習慣跟信念，你得看見自己執行改變的行動。

你的行動便會證明新信念是真的，就能有效幫助大腦快速改變你的濾網。更棒的是，當你對待自己時，用尊重、喜愛、重視的方式，不僅可以改變大腦濾網，也會逐漸建立自我接納，足以讓你感到快樂與滿足。

分享幾個例子：如果你像我女兒一樣，想成為音樂人，但自我懷疑摧毀了你，這時，你應該開始表現得像是已經在音樂界闖蕩的人。要寫歌並在網路上發布、尋找現場表演機會、簽約並上台表演。不管你有多緊張、害怕、懷疑，做就對了。當你的頭腦看見你已經開始行動，腦中警衛會明白這件事對你很重要，然後為你開啟一個有各種選項的世界，讓你製作更多你喜愛的音樂。

自愛也是如此。如果你總是挑剔著自己的外貌，先開始展現出喜愛自己的樣子，不要再對著鏡子嫌棄自己，而是聚焦在你欣賞的部位。選擇追求健康的生活方式，因為你值得活得身心暢快；活動筋骨不是為了修正自己的外型，而是因為你愛自己，想讓自己感覺舒爽。將這些寫著真言的便利貼貼在鏡子上，時時提醒自己、讚美自己。

還有，務必每天早晨跟自己擊掌，向你的大腦證明：「我是會讚美自己真實面貌的人。」

如果你想要更深入，讓轉變來得更快，就挺身幫助別人，別只想著自己。可以打電話給別人，關心他們的近況，或當義工，服務別人。當你向他人伸出援手，不只是能收穫愉快的心情，還能讓你脫離悲苦，以嶄新眼光看自己。

## 整合全部步驟

以後，當你的負面想法占據大腦，就用「我不要這樣想」打斷。重申你的新信念，並採取行動，向大腦證明「你的信念是真實的」，也證明「這種感覺對我很重要」。不論是透過與鏡中的自己擊掌，或是以其他具體的行動。這麼做可以改變你跟自己說話的方式，傳遞正向的故事給自己，還能改變頭腦過濾世界的方式，令你在當下看見的世界隨之轉變。

這正是克麗絲婷（Kristien）改變自己的做法，她養成每天自我擊掌的習慣，並且強烈感受到擊掌的驚人威力。

過去她一直為體重與自信所苦，發現任何運動計畫都沒用，直到她開始學習愛自己，才對自己有所改觀。於是，她

在比利時取得健康和健身教練的證書，開始為女性授課，把在自己身上見效的那一套信念傳授給其他女性，比如：身體健康的根基是健康的頭腦，而不是維持身體的尺寸，以及健康與疼愛自己、照顧自己相關。

同時，克麗絲婷開始教導她的學生對著鏡子跟自己擊掌。她說：「我剛開始教人擊掌時，大多數人會對擊掌感到羞怯，因為她們認為自己不配，而且成為自己的頭號粉絲很奇怪。但當我看見一位女性跟自己擊掌，她逐漸綻放出自信的笑容，她的笑顏和得到的快樂，是全世界的財富都比不上的！」

然後，克麗絲婷決定再加把勁。她開始在浴室張貼正向信念，包括：你每天都在進步、我以你為榮……，當在浴室與自己擊掌時可以同步複誦。她深刻體會到這樣做的助益，便將這些信念也貼在玄關的鏡子上，因為她是在自家經營健身教練的工作，她要確保每一位走進她家的人都能看到！

這不是很棒嗎？她發現，跟自己擊掌並複誦信念，會更容易以行動證實你愛自己。她說：「**優先照顧自己，是最需要學會的重要道理之一。擊掌跟正向信念也會幫助你做到以自己為優先。**」

圖表 **7-2**　克麗絲婷的擊掌挑戰

# 一起試著重置意識心智

呼,我們講了好多內容,你跟我都值得擊掌,給自己一個大大的鼓勵,幹得好!讓我們快速地重述和複習前面提過的內容:

## 走出浴室前,一定要跟鏡子裡的自己擊掌

你的大腦會建立新的神經路徑,將幫自己加油喝采變成你的預設值。即使過去生活中遺留的殘渣會影響大腦濾網,但你可以改變局面,就是運用擊掌這個新習慣。

## 到 High5Challenge.com 登記加入 #High5Challenge

讓我為你加油,支持你!我會給你完成這項 5 日挑戰所需的鼓舞及問候。不用錢,又好玩,快加入我的行列吧!

## 辨識你的負面信念,嘗試轉念

反駁這些念頭,替換成發自內心相信且有意義的真言,以實際的行動向大腦濾網證明,你想要頭腦讓你看見一個處

處是機會與正向事物的新世界。

## 破除情緒引爆點

你所學到的一切，會協助你破解困住你的思維及行為模式。在第 1 章，我說明了擊掌象徵了信心、勇氣與行動。擊掌不僅僅是你對著鏡子做的舉動，還是一種建立人生態度的手段，使你能培養出人生觀與心態，有力量去掌控自己，讓自己快樂起來，做出有意義的改變。這些工具也會協助你清除往事的棉絮，養成對自己與未來抱持著嶄新的正向信念。

但人生不可能處處順遂，生命現實是，有些時刻，你的擊掌精神會遭受打擊，讓你覺得自己卡住了，悲觀想法占據大腦，信心逐漸剝落。當擊掌精神消失時你一定曉得，因為你會不想行動。

接下來會教你如何翻轉這些看似負面卻正常的情緒引爆點。一旦你了解會引爆情緒的誘因，只要簡單地舉起手，跟鏡中的自己擊掌就可以破除。

改變人生所需的方式你已經掌握了，但我們要更深入，去解決總是會引爆情緒，令你我心情低落的那些感受：

- 嫉妒

- 愧疚

- 不安全感

- 出乎意料的挫折

- 焦慮

- 恐懼

　　在接下來的章節，會一步步拆解這些感受，以簡單又證實有效的策略，找回你的擊掌精神，突破困境向前進。在本書的書末，也會給你一份簡單的指引，教你如何落實擊掌習慣，在日常生活中培養擊掌精神。

　　所以，首先先以我自己為例，折解一個老是讓我心有千千結的心結：

✗ 怎麼除了我以外的每個人，都擁有我渴望的事物？
（假如我真的很想給自己火上加油的話，可能會如以下這樣想）

✗ 他們擁有的事物和成就，是我永遠都不會有的，所以我要放任妒火攻心。

　　之後的章節會以此為例，教你破解內心的心結與感受，找回擊掌精神突破困境。

# 第 8 章
# 如何把嫉妒變成你的優勢？

過去，嫉妒是我的一大困擾，帶來的憤怒跟挫敗感真的可以吞噬我。記得以前我有一位朋友買下一棟漂亮的房子，舉辦盛大的慶祝派對。我一走進大門，看見那房子是我們家的 5 倍大，就好嫉妒。當時我們家的孩子都還小，經濟狀況連繳貸款都很勉強，妒火讓我以為我要自燃了，於是我做了很多人都會做的事 —— 把矛頭指向伴侶。在返家的車程中，我和我先生大吵一架，我哭訴著：「我們永遠不會有那麼棒的房子。」

我當時抱持一個有毒的信念，認為如果別人得到了我想要的東西，就永遠都沒我的份了。我不了解嫉妒，也不懂得將嫉妒變成我的優勢，以致妒火只激發了我所有的不安全感。

如果你在生活中一直堅持不懈、沒完沒了地跟別人比較，總是在渴求他人的成就，你就不可能看出自己也有能力做到一樣的事。認定別人是英雄，而你只是坐在場外看別人大顯身手，這時如果你放縱自己嫉妒，嫉妒會令你消沉到不

行。我希望你知道，嫉妒也可以妙用無窮，對於督促自己前進是相當重要的情緒。

我聽過陷入嫉妒的人會說出以下的話：

「每個人都是人生這場遊戲的贏家，只有我總是拿到最爛的牌。這不公平……」

「我真的很厭倦聽到別人瘦的很快、過著悠閒的假期、翻修高檔的家、養一隻不咬沙發的乖狗狗……這些我全都要。」

「啊！她又在發『我瘦了，萬事俱足』的貼文了，要是我有個人健身教練，也會有那種身材。」

「要是他敢再講一遍『我覺得這很簡單』。」

「我 10 年前就有創辦優步（Uber）的點子了。」

「本來打算有空就做，如果沒有小孩就容易多了。但願我丈夫懂我……」

「我的人生比你艱苦得多，我也沒有到處說嘴啊……」

「誰都可以套用相機的濾鏡，要是實況直播也這麼美再來說嘴。」

「每個人都比我厲害，沒有我出風頭的餘地。」

「我完了。現在我發現了，我要他們的成功變成我的

成功,但他們搶走全部的機會了,我來不及了,只能窩在這裡,氣惱自己比不上別人。」

每個人或多或少都曾經會有覺得自己的人生和夢想被人搶走的時候(這是有原因的,你會在這一章的結尾找到答案)。

在這種自我對話中,我們因為別人的成功,就阻擋一切我們想要的事物在心門外。我們放棄了自己,沒有幫自己加油,鼓勵自己去追求想要的生活,反而是讓嫉妒進駐,讓你對自己萌生了可怕的想法與感受,展開死亡迴旋。

其實,我希望你明白,**嫉妒是一個指標,代表你可以且有能力擁有渴求的事物。**以下我會分享幾個轉換心態的技巧,讓你能對未來興奮起來,有動力去打造你要的生活。

但首先,你需要先好好檢視你對成功的認知。你相信成功、幸福、愛是限量供應的嗎?有很長一段時間,我相信這是事實,然後我就卡在這樣的思維中。過去我總是抱持著一種心態,認為:成功與幸福只有那麼多,沒有多的可以給我。

當我明白幸福與成功是無限量的,人人有份,我開始有了勇氣,堅信我可以得到屬於我的一份。就憑著這一個念頭,束縛我的枷鎖便鬆開了,我停止沉溺在嫉妒中受苦,而

是實際動起來去追求我要的事物。

「不要嫉妒」是我們學了一輩子的觀念，彷彿嫉妒很可恥、不得體，象徵著器量狹小，是一種不該存在的情緒。但嫉妒只是代表欲望受阻，如果你能夠化嫉妒為志氣，阻礙會消失。如果你能夠正視嫉妒，認同嫉妒為你指出重大的人生方向，便能立刻化解挫敗的重擔，以及你感受到的不安全感，讓你重拾擊掌精神前進。

要完完整整地釐清嫉妒從何而來的，想把嫉妒轉化為志氣，唯一的起點，是去檢視你那混濁的情緒沼澤，找出嫉妒、自我厭惡、低落的自我價值、壓垮人的自我懷疑，還有你接觸的社群媒體。

## 沒人告訴過你的嫉妒真相

有一天，我看著我的女兒在滑 Instagram，我問她：「妳在想什麼？」

她說：「我透過 Instagram 看別人的生活、職業和經歷，想要我的人生也經歷一樣的事，但我會說服自己，不管我再怎麼渴望，都絕對不可能實現那種生活，這讓我覺得自

己很沒用。」

我接著問：「有什麼是妳很想要又認為永遠得不到的事？講一個來聽聽。」

她說：「有一天，我看到一個女生的影片，她搬到墨西哥的一座島嶼，在那找到一份工作，每天看著蔚藍的大海，愜意得不得了。」

我說：「嗯，聽起來很不錯。為什麼不比照辦理呢？」

她說：「媽，那談何容易。我看到她就嫉妒，因為我一向夢想著要去旅行、去探索，我想跟她一樣。但我不會允許自己考慮去做跟她一樣的事，在我內心深處，我總想著，她那樣是很好啦，但我絕對做不到。媽，我都 22 歲了，我覺得我沒時間了。」

聽到「我都 22 歲了」這句話，我第一個念頭是：妳在跟我開什麼玩笑？謝天謝地，我沒說出來。第二個念頭是：真不敢相信她給自己那麼大的壓力，她的人生才剛開始，有的是時間，現在正是好好去闖蕩的時候。不過我沒說出口，只是聆聽。

「現在我只想要旅行和工作。旅行是我的夢想，但我只看到重重的障礙，還有行不通的原因，我不是做得到那種事的人。反正我看不出我有實現的可能。我看著她在墨西哥過

著爽快的生活，我很嫉妒，像她那樣是很棒啦！但永遠輪不到我。」

我學過幾句在親職中妙用無窮的話，這時是搬出來用的好時機了。我說：「妳要我單純聽妳說，還是妳想聽聽我的看法？」

她望著我，說道：「願聞其詳。」

我告訴她：「我最驚訝的是，妳因為自我懷疑，沒有探索或接觸妳最深切的夢想與渴望。其實，妳很清楚自己要什麼，自從妳在八年級時跟著奶奶去柬埔寨，妳的心便嚮往旅遊、探索世界。妳所有的憂慮與懷疑都很正常，那是我們都有的情緒。

「只要妳想著『那絕對輪不到我』，就永遠不會挺身追求夢想。**當妳看到別人在做妳嚮往或畏懼的事，嫉妒是正常的，但如果妳唯一的行動只是想著自己要什麼，那就不是妳的夢想，而是一個願望。夢想是需要付諸行動的。只有勇於追夢，夢想才會成真。**」

如果我和女兒的對話觸動了你，你有著滿心的自我懷疑，那你一定要想通一個簡單的道理：世界可沒說「這個不能給你」，說這種話的人是你，是你給自己設下限制。

# 讓你羨慕的人為你照亮路徑

你得明白，那些讓你羨慕不已的人們沒有搶走你的機會，反而他們為你照亮了路徑，說不定還會在你的追夢之路跟你擊掌！

注視鏡中的自己，不要只看見一個輸家，而是去看見真相 —— 你是幫助自己實現目標的盟友。接受你是自己最棒的夥伴，你會很驚奇當自己在追求殷切渴望的事物時，也建立了穩固的夥伴關係。你要看見生命的潛力，你會改變，你成為了擊掌鼓勵自己前進的人，而不是飽受嫉妒煎熬的人。你足以將阻礙翻轉成採取行動的鼓舞。

把你在生活任何領域上感到的嫉妒，翻轉成你的志氣：

> ✗ 目前的限制性信念：如果別人有這樣東西，我就不能有了。
>
> ✓ 翻轉：既然他們成功了，可見我也行。

# 找出心之所向的最快方法

抽出一點時間，留意你在嫉妒誰，是你生活圈的人，還是你遙遙欣賞的人。現在將嫉妒的感覺，當作是吸引你注意的訊號，不要避開你感覺到的嫉妒，也不要試圖去隱藏你的妒意，別害怕或覺得可恥，而是正視你的妒意，這會是找出心之所向的最快方法。

**嫉妒就跟好奇心或渴望一樣，是你的導航工具，在告訴你要把人生帶往什麼方向。**明天，當你站在鏡子前，讓擊掌給予你決心，去追求想要的事物，你受之無愧，給自己挺身追求的力量吧！

以我家女兒為例：看到朋友整個冬季都待在墨西哥工作，她很嫉妒。很好，她得追隨這一份感受，妒意會帶著她走向她最渴望的事物。

看見別人在做你渴望的事、達到你的目標和理想，或許你會感到痛苦。大部分人會任由痛苦困住自己，但你一定要把痛苦變成你的優勢，將痛苦翻轉成改變的志氣和動力。

再以我家女兒來舉例，如何翻轉嫉妒為動力。她應該私訊那個女孩：「我很想跟妳聊聊。我很想效法妳在做的事，我想學習妳的經驗。」只要這樣做，她便能靠近想要的事

物。僅僅是這樣一個行動，便能將嫉妒化為志氣。

她可以做的另一件事，是查看她使用的社群媒體，開始追蹤那些一邊行遍天下一邊工作的人。多看看其他人，證明有別人已經實現了你的願望，可協助你的大腦濾網迅速轉變，認定同樣的事也可以發生在你身上。朝著你要的事物踏出一步，嫉妒便會消失，而命中注定的事物找到你的距離也更近了。

**如果不確定自己想要什麼的話，你可以透過重新檢視生活圈裡的人來踏出行動的第一步。**

你嫉妒誰？也許你嫉妒的是他們的精力、熱忱、正向的態度，也許你嫉妒他們有 YouTube 頻道或建立了公司，也許是他們親密的朋友圈或創辦的非營利組織，也許是他們照顧個人健康的方式、生活形態、態度、居住地，或者是他們一直在嘗試新事物，勇於闖天下。


## 拆解嫉妒，轉化為志氣

別沉溺在嫉妒中，而是去拆解嫉妒，去釐清這個人的生活或事業，究竟是哪一點令你嫉妒？

　　一般而言，我們允許嫉妒的情緒占據腦海，讓自己失去安全感，我們卻不願意認可自己，當我們看見別人在做什麼或擁有什麼，就宣判自己渴望擁有那些事物的想法是不對的，因為你不相信自己的能力足以得到那些事物。

　　比如朋友翻新了廚房，對比自家不起眼的廚房就感到鬱悶，然後對伴侶怒火中燒，爭論著怎麼沒把存錢列為優先事項，以致不能翻修自家。我承認過去的我就是這樣，在克里斯跟我財力窘迫的時期，我常常飽受嫉妒之苦，哪個朋友買了新家具、擴建房子、享受精采的假期，我都嫉妒得發瘋，因為我懷疑自己的能力，認為自己無法開創同樣的情況。

　　我過度沉浸於悲傷的情緒，還跟自己說：「我們永遠過不了那種生活。」

　　回首前塵，我可以客觀分析自己，並告訴你那究竟是怎麼回事：那跟房子無關，也跟克里斯無關，關鍵是我想要成功，成功到能買得起那樣的好東西，並實現我的抱負。

　　當時我沒有擁抱自己的抱負，反而是向克里斯施壓，我要求他事業有所成長、賺大錢，把我要的東西都給我。但你的願望是你的責任，不是別人的。如果你追求財務上的富足，苛待配偶並不能創造財富。看看鏡中的自己，坦白跟自己招認你要什麼，這才是能帶你走向如願以償的正確道路。

　　也許豪華的廚房不會刺激到你，反而是身邊友人的蛻變令你心慌。他在臉書記錄自己的減脂運動歷程，而你早在一年前就期許自己開始運動。起初，他的貼文激勵了你，但現在看到他又減重、又掉脂就懊惱。你甚至察覺自己翻了白眼，對他在網路上展現快樂又熱血的模樣感到不快。

　　如果這類貼文令你一肚子嫉妒、心情晦暗，這表示你想變得跟他一樣，只是你陷入自我懷疑。一旦你看出自己願望的推與拉（你的渴望想把你拉過去，而你的懷疑或恐懼卻不斷推開你），你會開始察覺這種狀態比比皆是。你太渴望得到自己該有的東西，當你記起那些事物目前還不屬於你，便加倍傷心。

　　這也有可能會發生在你的工作與事業。比方說，你認為鄰居推銷護膚產品的工作不會長久，但她時常邀請你試用產品，展現對這份工作的熱中，雖惹人厭，又真的令人欽佩。如果你對自己誠實，你會察覺自己在嫉妒她樂在其中，同時賺進大把鈔票，還透過公司結交許多新朋友。

　　**與其敬而遠之，不如向渴望的事物臣服。**在別人的所作所為中，有某些東西是你應該擁有的，這要怎麼判斷？就是明白你在嫉妒。而且你運氣很好，這個人所走的路在呼喚你，只要拿起電話，就可以跟這個人談一談。這不表示你得

跟對方走向一模一樣的道路，而是當你需要尋求外援，打電話給對方，問問他的經歷，便能從中得到線索，察覺你所缺少的關鍵。只要一通簡單的電話或一場面對面的談話，就能掃除自我疑慮，將嫉妒翻轉成見賢思齊的行動。

或許你最小的小孩已經離家念大學，現在你是空巢族。你懷念且珍惜跟小孩共度的居家歲月。而你那些一邊工作一邊養育兒女的女性朋友們，都令你極度羨慕且嫉妒。你的履歷有 20 年的空窗期，實在不曉得該怎麼重返職場。

不曉得該怎麼做，並不是不去做的藉口。你第一件要做的事，是跟隨渴望的拉力去尋求外援，找你的朋友或生活圈裡的人，談談你的人生新篇章，這很明顯是你嚮往為自己開創的未來。

這比嫉妒或批判別人還要簡單。然後向自己承認，你的生活裡缺了某件事物。不行動的話，自我懷疑與嫉妒只會持續累積。你理應在人生的下一個篇章大展身手。那是你應有的東西。**不要容許嫉妒阻擋你的路，要將嫉妒翻轉成志氣，去追尋心之所向。**

　　這個建議不只是給你的，也是給我自己的。

　　以前我會讓自我懷疑與嫉妒啃噬我的心，但現在我知道嫉妒不過是受阻的欲望，我便懂得如何運用嫉妒得到想要的事物。

　　嫉妒是正常的情緒，我沒有一天沒感受到妒意，幾乎每次滑社群媒體都會引發我的嫉妒，但我不會放任妒意上升，而是讓它引導我，朝我理應追求的事物而去。我會在心裡告訴自己：「有意思，我嫉妒了。」我會探索並挖掘那種感受，將妒意當作是挺身行動的訊號。

　　目前在我的事業上，當我望向前方，我最嫉妒的對象是已經開啟播客之路，並上線個人頻道的人。例如：我的朋友路易斯・豪斯（Lewis Howes）主持了 7 年的《偉大學苑》（*The School of Greatness*）播客，這讓我極度嫉妒。其實，我有一堆朋友都已經進軍播客，人多到不勝枚舉，而我嫉妒他們所有人。以前我從來沒認真想過播客，但仔細留意周遭，發現有一群在經營播客的朋友。我很嫉妒，然後我責怪自己沒有播客，怪自己還沒做到（你是不是也有這樣的經驗）。

　　我的天賦在於口語表達。與人面對面討論人生，可以展現我最佳的一面。這是我在講台上所做的事，是我在擔任人生教練時做的事，是我在有聲書裡做的事，更是我身為日間談話節目主持人所做的事。由於閱讀障礙與過動症，寫作

是我最難以產出內容的表達方式，但對著麥克風講話易如反掌。

因此製作播客對我來說，會跟喝水一樣自然且順暢，我想我一定會喜歡的。那我怎麼還沒推出播客？跟我女兒還沒規畫環遊世界的原因一樣，也跟你還沒去實踐那個向你低語多年的夢想一樣。即使你想要的不得了，但疑慮令你確信：我永遠都不行、我已經來不及了、機會已經被別人捷足先登了、我會變成山寨版……

當我檢視我的妒意，寫下嚮往成為播客的事，我覺得莫名其妙，其實沒人阻止我。只要拿出以前做廣播談話節目時的麥克風，插進錄音器材，就可以開始錄製播客。或者，我也可以直接點開手機的語音備忘錄，按下錄音鍵。**除了我自己，沒有任何事物在阻止我**。

「已經太遲了，我錯過機會了。」

「每個人跟他們的母親都有播客節目了，我現在才開始做播客不可能成功的。」

「比我早做播客的人太多了，我要怎麼獨樹一格？」

我時常告訴自己這些話，也默默地訓練大腦濾網讓我看

見不要開始的理由。

跟大家坦白了這件事，我倒是好奇世界上有多少播客？上網查了一下，發現目前上線的節目有將近 200 萬個，超過 4,300 萬集播客。

我看見「200 萬個節目」心都涼了。但就如同前面我所說，洗衣服不可能不掉棉絮，你的人生中也不可能不會出現負面想法。在這樣的情況下，一定要想像自己在擦拭濾網，讓心胸保持開放，接受你理應擁有的事物。在腦海裡想像你打斷了自我懷疑，翻轉成「反正我就是要做」。

我希望你開始關注自己的嫉妒，釐清妒意的教給你的事，得知你的靈魂該往哪裡去。不弄清楚，嫉妒只會越來越強烈和喧鬧，它會生吞活剝你的志氣。與其望著前方那個聽天命才能到達的目的地，不如開始看看身邊有誰搶先達成了你的目標。


## 化嫉妒為行動的提問

問自己幾個問題，協助自己將嫉妒翻轉為有志氣的行動，因為你需要這股衝勁：

✔ 你嫉妒誰？

✔ 這些人、這些人做的事或他們擁有的事物，
有什麼令你心動的地方？

✔ 哪些部分讓你想要見賢思齊？

✔ 哪些部分是你不喜歡的？

✔ 你要怎麼調整它，讓它變成適合你的樣子？

✔ 哪一個（或哪些）負面想法讓你不允許自己
追求目標？

　　當我問自己這些問題，我的靈魂想告訴我的事便昭然若揭 —— 我必須將推出播客節目，列為事業下一個篇章的優先要務。現在我可以著手的第一步，是在這本書出版後，擬訂計畫推出播客，然後聯絡全部的朋友集思廣益。我也可以去上相關的線上課程，或報名播客業界的活動。

　　在我**展開行動的那一秒，妒意便消失了，**同樣的事也會發生在你身上。

　　我家女兒就是如此。在我們談完之後幾天，她聯繫了那

位在墨西哥的朋友，開始擬訂旅行計畫。她規畫行程，改變她在社群媒體上追蹤的對象，以便看到更多能夠啟發她的內容。她問老闆能不能比原訂的入職時間晚幾個月到職。她彷彿喝了什麼靈藥，突然充滿精力與活力。她試圖用嫉妒激勵自己，以實際的行動追求目標。沒有什麼事比這更讓人精神抖擻了。

還有一條殘酷的道理：**如果你沒有行動的意願，不去締造改變或實現願望，你就沒有嫉妒的權利。**這代表你習慣聚焦在你沒有卻實在不想要的事物上。

我很喜歡化嫉妒為志氣的習慣，原因在於這很簡單還很美好，而且這肯定了我所相信的信念——我們都是精采人生的共同創造者。我們彼此深深地在能量上相連，一個人的成功，可以是全部人共享的成功。我們從各自的成就得到鼓舞，燃起有為者亦若是的豪情。

與其跟走在你前方的所有人競爭，不如把他們看作盟友，協助你得到憧憬的事物。而且千萬別忘了，當你找到在人生向前走的信心，你便成為一盞明燈，為你身後那些仍然卡住的人照亮道路。

# 第 9 章
# 別讓罪惡感成為你的絆腳石

愧疚是世界上最厲害的情緒之一。如果你動不動就感到內疚，就需要知道破解之法。

想像你的志氣是一匹駿馬，最渴望感受自身的威力、實力、速度，牠想要帶著你奔馳過原野，太陽映照在馬背上，鬃毛任風吹。而愧疚的感覺彷彿是一條韁繩，拉得緊緊的，讓名為志氣的馬慢下來，終至停步站在原地反思。要是你奔向夢想，會使你愛的人傷心、失望，愧疚感布滿內心，再強烈的志氣也只能乖乖聽話。

如果你花大量時間在練習跑馬拉松，你的配偶會不滿。

如果你在週末販售房地產，老闆發現會勃然大怒。

如果你搬離居住已久的鄰里，老朋友的反應讓你感覺你自以為了不起。

如果你接受遠在倫敦的工作，得把念國中的兒女一起帶去，他們離開熟悉的故鄉，永遠都不會原諒你。

愧疚也可能是更細微的小事，例如：

「我在戒麩質，算了，我吃一份千層麵好了。」

「當然，那個多出來的案子我可以幫你做，雖然我已經被公事活埋了……」

「我希望已經成年的孩子能搬出去住，我這個老媽是不是很壞？」

「你要跟我借小貨車？應該可以吧……」

「我今年不想去我嫂嫂那過聖誕夜，我很可惡嗎？」

「要是我練習跑馬拉松，我的小孩會在街頭游蕩。」

「要是我什麼都不說，會不會比較省事。」


## 學會允許別人對你失望

很多人都誤解了「愧疚」，你大概以為是別人「害」你內疚。並非如此，其實問心有愧的感覺是自找的。愧疚涉及你的價值觀和情緒的引爆點。當你對某件事情感到「愧疚」，那是因為你相信若照著自己的心意做事或說話，別人會傷心或生氣。

認為別人會對你生氣、失望、沮喪、不爽的想法，正是助長「愧疚感」的燃料。不面對愧疚感會輕鬆許多，就表示

不面對那些對你不滿的人比較簡單。無論你愧疚的起因是拒絕幫同事代班,是沒讓黏人的朋友參加你的野炊聚會,或是你想要主辦,一直以來由你婆婆包辦的感恩節家族聚餐等,你都很清楚自己想怎麼做。你只是認定了要是你將自己擺第一,優先照顧自己的需求,便會引發情緒衝突,而你實在不想面對那種事,因為內疚令你不舒服,你因此龜縮。

你想搬到加州,心裡卻感到罪惡,因為你知道父母會難過。你升職了,但能力夠格的瑪麗沒能升職,你問心有愧。你想要念護理學校,但沒人可以接管家務,令你很愧疚。

我也為此苦惱。**學會允許別人對你失望,同時依然榮耀自己**,這不簡單,但你辦得到,而這會改變你的人生。


## 罪惡感有損你的認知

我爸有個嗜好,他很愛去逛別人在車庫或家裡舉行的舊物拍賣,買下古董撞球桌再親手修復。我跟克里斯結婚時,他送給我們的結婚禮物,就是他精心挑選並修復的布藍茲維(Brunswick)撞球桌,造於 1870 年代,與我們家在波士頓城外買下的舊農莊同一時期,是很有意義的禮物。

　　我們結婚後，那張撞球桌留在密西根州，收在我父母家的地下室很多年，因為克里斯跟我沒有能夠擺放的空間。我的事業起飛後，興建了一間車庫，並規畫為遊戲室與房子相連。我跟我爸提起這件事，他興奮極了，說道：「太好了！你們有地方放撞球桌了！」我心想：「慢著，撞球桌？」

　　這時，我取悅別人的毛病發作啦！

　　我爸付錢請專業人員去我家，細心組裝撞球桌，將桌面調整水平，拉平桌面的油氈布，再裝上一個個皮編的球袋。這張撞球桌美侖美奐，而且占據了遊戲室一半的空間。

　　顯然，罪惡感會嚴重損害你對空間深度的認知，以及精準測量的能力。孩子們在遊戲室的兩端玩耍，撞球桌就像大家假裝無視的禁忌一樣屹立在中間，被樂高積木淹沒，因為我們打撞球的次數屈指可數。

　　孩子們比較大了以後，我的生意越見規模，家裡不再需要遊戲室，而是需要辦公室，但我始終不敢動撞球桌。

**調校心態**

當你愧疚得委屈求全，每個人都會像把你踩在腳下的人。

如此又過了兩年，撞球桌像一架停放在辦公室的航空母艦，大家不得不繞道走，才能從辦公室一頭到另一頭。我在家裡辦公，「辦公室」卻沒地方放辦公桌，員工們都在我家廚房的中島跟客廳辦公。

我想拿回屬於我的空間，但我的罪惡感不讓我動撞球桌，因為我爸是我在這世界上最愛的人，我不想讓他失望。每次我看到撞球桌都會想起他。況且父母不是住在附近，我喜歡在家中，擺放密西根州娘家的東西，看到就會想到家人。

我父母遠在半個美國之外，一年只會拜訪我們幾次。要是我移開撞球桌，雖然知道爸爸會諒解，但那可是我父母帶著滿滿的愛送給我們的禮物，要是收進倉儲，感覺就像不領他們的情。

即使我每天都想搬走撞球桌，卻不肯拿起電話，跟爸爸商量。這是因為我喜歡取悅別人，想到可能會讓別人失望，

真的會讓我感到不舒服。

接下來我說的話，你可能會覺得很不中聽，但你得聽。

如果你真心想要取悅別人，並且樂在其中，那討好別人似乎是很好的行為。但是當你開始背叛自己的需求，只因怕別人生氣，那就成問題了。就像是前面我提到的，我不想讓我父親失望，但其實這其中也藏含著很深也很廣的議題。

身為熱中討好別人的人，我會使出一切手段來操控他人的情緒反應。我是故意用「操控」一詞，因為我知道你會覺得這個詞很礙眼、不中聽。

熱中討好別人的人，常常認為自己「人很好」。事實才不是如此呢！其實我們都是騙子。**如果你喜歡取悅別人，你會利用自己的行為，來操控別人對你的觀感，所以你把大部分的力氣用在調整自己，好讓自己融入群體或受到喜歡，讓別人不會生你的氣。**你在操控別人對你的觀感，而不是以自己的真面目示人，你沒有做出適合你的決定，你扭曲自己，以避免別人對你不爽。就像是我翻新遊戲室，放進撞球桌。

**調校心態**

勇氣與信心化解愧疚。

當我把撞球桌當成工作桌,將《五秒法則》的所有章節排放在上面編輯,我才意識到,如果我要教導別人如何找到掌控人生的勇氣與信心,自己也必須要拿得出勇氣跟信心找我爸談談。

我犧牲了建立辦公室的需求,放棄事業上的成功,只因為我不敢跟爸爸吐露我的感受。在我迴避對話的每一天,我走進辦公室的心情都很矛盾,為此苦惱不已。這對我父親也不公平,他送我撞球桌不是為了讓我內心糾結,而是要讓我享受。

## 愧疚與別人無關,關鍵是你的不安感

**討好別人與別人無關,關鍵在於你的不安全感**。而我最深的不安全感,就是擔心別人生我的氣。而我今天能夠誠實

面對自己的愧疚感，歸功於翻轉限制性信念：

> ✕ 目前的限制性信念：要是你
> 的決定讓誰失望或氣惱，
> 那個人就不會愛你了。
>
> ✓ 翻轉：別人可能會對你
> 失望，或是氣惱你做的決
> 定，同時依然愛你。

　　身為 3 個小孩的家長，我家小孩不時會惹我生氣、令我傷心、引發揪心的失望。但我對他們的深愛，從來沒有減損一分一毫。然而我身為女兒，卻依舊抱持著「只有讓父母認同我做的每一件事，他們才會愛我」的思維，像個孩子一樣。

　　但願我可以給你有如五秒法則般簡單的辦法，告訴你只要倒數 5、4、3、2、1，便能神奇地化解取悅別人的行徑，而失望帶來的不舒服也會消失。但人生不能這樣，因為人際關係是互相遷就的，我花了 45 年才頓悟：**原來愛與失望可以並存，而且往往是並存的。**

乖女兒絕不會這樣做。

　　艱難的對話之所以發生，是因為你決定該把想說的話說出口。那正是我的經歷。

　　某一天，我逕自拿起電話打給我爸。我以閒話家常開啟對話，還拖了一點時間，做好準備後，告訴他我的真心話：「爸，你知道我很愛那張撞球桌。但我的生意規模成長了很多，我得在家裡設置一間辦公室。」

　　他說：「啊！把球桌放在辦公室裡一定好看！」

　　我的愧疚頓時突破天際，彷彿宇宙也在給我壓力。我不得不繼續解釋，我得挪出位子放幾張辦公桌。他建議我在球桌上放一片三合板，就能在上班時間當工作桌，下班後或週末拿掉三合板就可以打撞球。這點子不錯，但我清楚那不符合我的需求。

　　我心跳加速，掌心冒汗。我爸以為我打電話，是找他幫忙解決困擾，而我早已經想好一個他不會喜歡的解決方案，而這通電話是要與他坦承。

　　我拿出成熟的架勢，準備好要跟他坦白。

　　我深呼吸一口氣，跟他說我會聘請專業的搬運師傅來，深情款款且細心地拆卸他送的禮物，收進控溫控溼的倉儲。我向他擔保，等我把辦公室搬離我家，或是我家擴建、換了比較寬敞的房子，便會給撞球桌一個專屬空間。

　　好啦，我說出來了。現在，準備大吵一架囉！沒事，我會走路出席我的葬禮的。

　　我在那當下讓父親失望了嗎？對。我慚愧嗎？對。當搬運師傅拆下撞球桌並搬進倉儲，我覺得自己是世界上最惡劣的女兒嗎？對。當我爸來到我家，看見沒了撞球桌的居家辦公室，他仍然失望嗎？對。當我看到他臉上的表情，我想哭嗎？當然。他還會提起這件事嗎？一定會的啊！其實，每次我的父母說要給我們什麼，我母親就會插話：「妳確定妳真的會用到？還是打算收進地下室，跟我們送的其他東西堆在一起？」

　　沒錯，是我活該，更棒的是我能夠承受，因為我知道她愛我而她是平凡人，她也有資格有自己的感受。我還知道儘管如此，我們彼此深深相愛。

　　撕爛乖女兒手冊。

即使直到現在，我寫出這個故事，依然為傷了他們的心而難受，從我媽的風涼話，看得出她也很受傷，儘管我已經道歉了一百萬遍。傷害自己所愛的人會心痛，而且我很討厭讓別人失望。因此，這些可怕的感受出現時，我就任由情緒升起，感受到胃部的糾結，任憑感覺流淌全身，那有點像胃痙攣。

人家說罪惡感會讓人痛苦，是因為肉體真的會疼痛。然而，我已經學會約束自己，不讓自己走上「我是壞女兒」或「我是自私混蛋」的舞台。

另一項幫助我的方法，是提醒自己做這件事、這個決定的初衷。我的初衷是不要傷父母的心或不知感恩，也是打造一間辦公室，讓我的生意有所成長。你的父母或任何對你很失望的人是平凡人，讓他們做平凡人吧！給他們宣洩情緒的空間，讓他們說出需要講出來的話，沒事的。

這種事可不簡單。走過人生的路，不可能不傷害到愛你的人，也不可能不讓他們失望。但想一想吧，**當你將其他人放在第一位，傷心的人、失望的人就是你自己**。人生在世的重點，就是全方面品味人生的點點滴滴──高潮、低潮、感恩、愧疚、悲傷、愛。美好的人生會有許多不愉快的日子，有愛的人際關係伴隨著許多痛苦的時刻。正因如此，感情才

真實、誠實、真摯。

只要提醒自己,別人可以一邊對你失望,甚至生你的氣,同時依然愛著你。

老媽、老爸,如果你們看到這段文字,記得我們在蓋的新穀倉兼辦公室嗎?到時會有展示並享用那張漂亮撞球桌的上等空間喔!

在我跟爸爸開誠布公的那一天,我學到寶貴的一課:

 **調校心態**

雖然你很怕心愛的人會對你失望,但坦承你的需求永遠值回票價。

這對女性來說,絕對比男性困難。

## 用「愛」的角度思考

幾年前,摩根大通集團(JPMorgan Chase)雇用我為他們的工商金融單位舉辦工作坊。第一年,我去了 24 座城市,

舉辦以小型企業主為主的講座。第二年,我們做了相同系列的課程,但著重在女性企業主面臨的議題。在這些系列課程期間,我在將近 1 萬人面前,有過數百次的一對一對談。

巡迴講座中,最令我驚訝的是內疚議題,包括內疚的由來及原因。在男女企業主共同參與的活動中,從來沒人請教我如何應付內疚。但在每一場著重女性企業主的活動,內疚的議題一次又一次地出現,尤其是在討論夢想與抱負的時候。

研究證明事實如此,而我自己也親眼目睹,女性的罪惡感比男性嚴重一千倍。我們將愧疚扔進情緒的洗衣籃,彷彿是多洗一雙襪子般的欣然承受。向來如此,這就是我們從小到大接受的教養。我媽一傷心我就罪惡感深重,而我兄弟只是聳聳肩就算了,其中的差異總是令我詫異。

*無論我為她做了什麼,似乎永遠都不夠。*

如果你媽是「令你感到」愧疚的大師,我跟你保證,她也陷在內疚裡掙扎。愧疚是痛苦萬分的情緒,因為你覺得是自己導致了某件壞事的發生(例如:今天早晨,我出門時意外將兩輛車的鑰匙都帶走了,令克里斯出不了門)。

母女間像燙手山芋般互拋內疚。媽媽覺得自己做錯了什麼，女兒才不打電話給她。當女兒真的打了電話，就會聽到媽媽說：「好久都沒妳的消息」（因為她從不打電話），會使女兒過意不去，卻又束手無策，因為不管她怎麼做，永遠不夠多。你猜怎麼著？媽媽其實也有一樣的感覺！

我們都只想被愛、被支持，要回溯到我們的基本需求：被看見、被聽見、被讚美。當你不曉得如何尋求你需要的情感支持，往往會以損人的方式抓取：「你怎麼都不打電話給我？」或「你忙到連自己的老媽都沒空理了嗎？」她只是想要確認，她對你依然重要，因為她覺得自己似乎不是。當你頂撞：「電話也可以由妳來打啊，媽。」這時你也在做一樣的事。

而你納悶為何會為了工作而滿心愧疚？因為你忙到沒空陪小孩，你覺得內疚，刺激同事來安撫你！

 **調校心態**

愧疚是緊縮而愛是擴展。

如果你從內疚的角度思考（我不能擁有這個、我不該要這個，不然別人會傷心），會動輒得咎。但如果你從愛的角度思考，你會看到世界充滿機會，而不是犧牲（我可以接受升職，照樣挪出時間看小孩的表演。我可以住得很遠，依然深深愛你）。

我可以做一個可圈可點的女兒，即使沒有天天打電話。我寫這個故事，是因為在我的日常生活與工作上，內疚都是令我傷透腦筋的困擾。我家不在娘家附近，我天天思念父母。

而助我一臂之力的做法，是鎖定在我欣賞與感恩的事情上，也就是想著他們多麼慈愛、多麼支持我，而不是覺得內疚。當我的腦袋想著「我們家在 16 小時的車程外」，我會回嘴：「我不要這樣想！」

你也做得到，看看你能多快翻轉，找回你的擊掌精神！

老爸、老媽，我愛你們！

## 愧疚，但不內疚

一次又一次，女人們問我：「妳這麼常出門，去經營妳的事業，把小孩跟丈夫留在家裡，妳都怎麼排解罪惡感呢？」

而我的答案是：「我不覺得內疚，我覺得感恩。」

當我分享自己**翻轉**內疚態度的經驗，女性的反應通常分成兩派：一派會哈哈大笑且點頭認同，另一派是滿臉的錯愕。

然後我會補上最有力的一句：**我不內疚，是因為我選擇不內疚。**

當我出門在外，當然會為了思念小孩而難過，當我在外面奔波，也會感覺寂寞，恨不得克里斯在我身邊。但我很感謝他，感恩他願意支持我與我們的兒女，在我出差時坐鎮在家。同樣的，他也會感恩我會在他主持靈魂學位僻靜營時，擔任他的後盾。

我們以前不是這樣的。

當我剛開始出差時，老是覺得愧疚。我對事業與抱負的想法，和現在的觀點相反。以前我獨自在飯店房間醒來，會內疚自己不是在家中為家人準備早餐。在趕著搭飛機的路上，我會跟孩子們視訊，而我的心會往下沉。當他們說：「我想妳。」我很難憋住眼淚，因為我覺得我是世界上最差勁的母親，因為我不在他們身邊。我很想守著他們，但我們

有帳單要付，我得工作。

一再跟自己說「妳是全世界最糟的母親（或女兒）」，大腦濾網會開始找出各式各樣的理由，證明那是真的。如果我在臉書看見當家庭主婦的朋友，或是在波士頓工作的人，我會覺得我徹徹底底是個外人。

內疚可能很沉重、很難纏，但未必不好。內疚有兩種：

1. 建設性的內疚。
2. 破壞性的內疚。

將內疚用於正途，可以讓你深深關心身邊的世界，找到在世界的立足點。會累積你的覺知，認識自己的行為如何影響別人，能維護人際關係，推著你走向和善並激勵你改變。

假設你一再錯過哥哥的生日，如果你的內疚感讓你願意道歉，並擬定在週末替哥哥補辦一場慶生派對，還抽出一個午後，將身邊重要人士的生日寫在月曆上，免得你忘記了，這樣的內疚就是好事。誠如美國知名作家瑪雅・安傑洛（Maya Angelou）的名言：「在你懂得更多之前，盡力把事情做好。等你懂得更多，就做得更好。」

但以我來說，我沒把內疚用在激勵自己做得更好，反

而是把它拿來當鐵槌，專門折磨自己。這就屬於破壞性的內疚，也就是心理學家所詮釋的「羞愧」。

你不會說：「我的出差行程糟透了。」你會說：「我（這個人）糟透了。」我丈夫克里斯的餐廳失敗時便是如此。他沒說：「生意失敗了。」他說的是：「我很失敗。」這一點好處都沒有。你的大腦濾網越常聽到你說：「我壞死了。」你越會看到證明你很壞的證據。

如果內疚困擾著你，就用這個強而有力的問題來檢視：**這一份內疚能推動我改善，還是讓自己難過？**

## 你要過什麼樣的生活？

我常問自己這個問題：「妳要過什麼樣的生活？」我的答案令我大開眼界。當你清楚自己要什麼，便會給自己實現的力量，並且不會一直因此難受。如果你不知道自己要什麼，試問自己：你不要什麼樣的生活？

我知道我要追隨夢想、要陪在我的兒女身邊，要讓女兒們瞧瞧媽媽在世界上發揮重大影響力，想要兒子見識到一邊築夢踏實，一邊支持伴侶是什麼樣子，一如他的父親做到

的。我也知道我要少出差，多在家。內疚無助於我實現這些
目標與夢想。

 **調校心態**

人生不是二選一的命題。

你可以把事業做得風生水起，同時是優秀的母親。你可
以追求更多、更富足的生活，同時感恩你的成功。你可以婚
姻幸福，同時追求更美滿的性生活。你可以一邊抑鬱，一邊
跑馬拉松。人是有許多層次的，你的身分不止一個。你得停
止用內疚狠狠打擊自己，認清真正想要什麼，並在追求那些
事物的路上跟自己擊掌。

你不一定要一年出差上百天，也不是一定要出門工作。
你可以陪伴家人，參與孩子們的生活大小事，陪伴年邁父母
的最後幾年人生。每當內疚阻礙你追求夢寐以求的事物，別
再認定別人會失望、傷心，你要正視內疚。心情惡劣不能幫
你改變人生，坦承你想要什麼、需要什麼支持，足以讓你面
對自己，改變人生。

在我見過那麼多的女性高階主管以後，我對「愧疚」這個主題想了很多，她們有那麼多的憧憬，可是她們在應該展翅高飛的時候，卻收回了豪情。所以我想出了一個簡單的習慣，教導她們將內疚感納為己用。現在我要教你這個簡單且好用的方法，幫助你削減阻礙你改變人生的破壞性內疚，允許自己去做令你快樂的事。

## 停止道歉，改說謝謝

當你感覺到破壞性內疚，你會滿口「我很抱歉」，請你別再道歉了，改口說「謝謝」。原因如下：

### 說「我很抱歉」很惱人

我敢說你一定也有這種類型的朋友。在我的生命中有一位深愛的好友，她總是內疚纏身。我可以明顯看出她很內疚，因為她總是在道歉。

「抱歉，要請妳讓我搭便車。」

「如果我讓妳不開心的話，我很抱歉。」

「抱歉我要拜託妳做一件事。」

「抱歉，麻煩妳了。」

「很抱歉，我吃純素，妳不必特地為我做菜的，其實我啃餐巾就行了。」

　　我聽了總是覺得很煩，最後終於找到原因，要是有人一直在道歉，他們將一切攬在自己頭上，圖的是安心。內疚就是這麼回事：重點是你！你覺得自己錯了或令人反感，你就「內疚」了。當你道歉，希望換回一句「沒關係」，讓心裡更好過。

## 讓支持你的人得到愛與感恩

　　真相是大家想要支持你、幫你，比起道歉，他們更想聽你說：「謝謝。」見到你不再聚焦在自己身上。

　　所以，下一回當你母親為了你做純素的菜、幫你在冰箱囤滿燕麥奶、買了你最愛的玫瑰、到機場接你、幫你照顧狗狗，別再說：「不好意思，讓妳這麼費心。」試著說：「謝謝妳總是這麼體貼、這麼照顧我。真是多謝了，我愛妳。」

## 說「謝謝」是取回自己的力量

道謝不僅能將你的關注點放在別人身上，還能**讓你取回自己的力量**。你肯定了自己確實有需求，而你感謝別人察覺並幫忙滿足你。一旦你開始這樣做，會很訝異需要道謝的頻率有多高。

當你道歉，便傳達著「你對自己的觀感不好」的訊息，代表需要協助或支持是不對的。現在聽清楚了：你覺得自己有錯就直說。然而做對自己最有益的事並沒有錯，當你說謝謝，是在感恩別人挺身支持你，也接受了自己值得表揚與支持的事實。

我不再跟克里斯和孩子們說：「很抱歉，我常常不在家。」而是肯定他們：「謝謝你們的愛與支持，所以我才能做我的事。謝謝你們幫忙我追求夢想。」然後我會告訴他們那天發生了什麼有趣的事，讓他們認識我的工作和影響力。承認並感受他們的愛與支持，帶給我超乎想像的發展。

## 「謝謝」就是一種擊掌

當你說謝謝，就是在跟生活中的人和你自己一起歡慶！

還有一個好處，為身邊的人示範了擊掌精神。

猜猜是誰讓我見識了毫無歉意地邁向夢想的姿態？是我媽。我樂於說出我媽的傳奇故事，介紹她如何堅守自己的立場追求夢想。

1981 年夏天，我母親跟她最要好的朋友蘇西決定在密西根的馬斯基根（Muskegon）鬧區開一家零售店。她們需要資金，就去我們鎮上的小型在地銀行（她們倆都是銀行的客戶）打算申請 1 萬美元的零售貸款。她們很興奮，因為她們已經簽字承租了店面，還規畫未來的發展，計畫去逛芝加哥禮品展、開始批貨……。她們跟銀行經理面對面商談，經理看了她們的財務報表，答應批准貸款，但前提是她們的丈夫要簽字。

我母親沒有片刻的遲疑，指出她不但有自己的帳戶，還是每個聯合帳戶的共同持有人，而且我們住的房子也登記在她的名下（這房子將會充當貸款的抵押物），但銀行經理堅持丈夫也要簽字。我媽站起來，走到櫃台，當場取消我父母在那家銀行的所有戶頭，然後她就走了，毫不內疚，到別的銀行取得貸款（媽媽，厲害喔）。

說這個故事是想提醒你，第一個要效忠的對象是自己，

　　而不是銀行、配偶、兒女、父母。你越快把自己擺第一，身邊的每一個人也會越快明白這一點。就像現在我的大腦濾網總是會讓我看見各種證據，證明我不需要為了「在克里斯追夢時，我也在追夢」一事感到愧疚，我因此感到高興，我不再看見「我是壞媽媽」的證據，反而看見兒女追求自己的目標與夢想，就跟他們的父母一樣。

　　我們很容易忘記助人的滋味有多美妙。感謝照應你的人，便是在讚揚他們，他們一定會很開心的。因此，向自己跟你生命中的人們流露一點點愛吧！好好生活，允許別人有他們自己的感受，給他們大量的感恩。這樣就可以扔掉罪惡感，選擇擊掌的人生。

# 第 10 章
# 戒掉拖延和完美主義

　　當你擔心某件事會失敗，或害怕動手去做，你可能會告訴自己：

　　「我還沒準備好。現在不是時候。我是說，也許時間點是對的，但感覺上這不是完美的時機。」

　　「你知道嗎？做這件事得有一整段的空檔才行，既然我擠不出 2 個小時，就別開始了吧！」

　　「也許把洗碗機的碗盤拿出來就好。然後洗洗衣服、重新整理我的辦公桌，對了，還要除指甲的死皮，在開始前先清一下肚臍。我發誓，今天下午一定會動手。不，是今晚。還是明天？下個禮拜、下個月、明年……也許先洗第二批衣服好了。我好像應該熱蠟修眉了……」

　　這些是偶爾會飄過我腦海的念頭，或許你也是。

　　你會在底下的故事中邂逅愛爾瓦多（Eduardo）。跟大

部分人一樣，他有一個遠大的夢想，但他擱置自己的夢想，因為他還沒準備好。他腦子裡的思緒在原地打轉，要是我們有辦法走進愛爾瓦多的腦袋，聽到的內容大概會是這樣：

我打算做一個名氣響噹噹的演員，能啟迪人心，超讚！但現在我得付房租。目前這份工作的收入很不錯，不能辭。做人還是要腳踏實地，是吧？我打算先繼續開優步，等我覺得時機合適時，再朝演藝界發展。

再說，搞不好會有大牌製作人搭到我的車，夢想就通通實現了。這點子很高明吧！嗯，其實不算是點子，是我的一個計畫，唯一的計畫。追逐夢想不是我現在能做的事，我得生活、得付帳單。但總有一天我會實現夢想的，等著瞧，有朝一日，我會紅透半邊天，只是不是今天，也許下個月、明年，我可不是在害怕，只是現在時間不對。再說，我還要再洗一堆衣服呢！

**最致命的兩大夢想殺手，是拖拖拉拉與完美主義**。這不是擊掌 —— 在能量上來說，絕對不是！這會慢慢勒死你的雄心壯志，有一天，當你清醒你會失望且怨憎地意識到，你連試都還沒試過。

首先，我們要把一件事講清楚：你不是拖拖拉拉、追求完美、想太多的人。

你只是在害怕。

當你察覺自己在拖延或專注在追求完美，一定要將精神上的停頓與癱瘓，轉換為實質的進展，否則你的思緒會在原地轉圈圈，轉了好幾年。

## 自己都不拚命，還有誰為你奮鬥？

兩年前，我降落在達拉斯機場，搭上一輛優步計程車，認識了一位名叫愛爾瓦多的年輕人。

我上車還來不及跟司機打招呼，手機就響了。那是索尼影業電視（Sony Pictures Television）的一位主管打來的，我們談論起我的談話節目的開播事宜。

當我掛斷電話，愛爾瓦多便主動向我自我介紹，並說道：「我不敢相信妳在我車上。我一定要跟妳談談。」

我說：「是嗎？你要談什麼？」

他說:「妳看起來是很厲害的小姐,我想請妳幫個忙。」

「你嘴真甜。我是很厲害的小姐,如果我幫得了你,我就幫。」我說,「你要我做什麼事?」

「我想知道怎樣成為能贏得奧斯卡獎的演員,為內城區[*]想要演戲的黑人跟拉丁裔男性創造機會。」

「哇,很棒耶!」我說,立刻接著詢問我心裡最疑惑的事:「那你怎麼在達拉斯?如果演戲是你要投入的事業,一定要去紐約或洛杉磯。」

他頓了一下:「是啊⋯⋯」

「你幾歲?」

「25。」

「很好。你有兩個選擇。」我說,「你不是待在達拉斯,就是搬去能演戲的地方。既然你才25歲,我假設你跟我25歲的時候一樣,沒有房子也沒有配偶,沒有梅爾・羅賓斯50歲的所有責任,所以沒有任何足以束縛你的事物。等你送我下車以後,應該遞出辭呈,搬去紐約或洛杉磯。」

「但我名下只有700美元。」他說。

---

\* Inner city,低收入住宅區,通常位於市區,而稱為內城。

我說：「700 美元，太好了，夠你到那裡了。你打算去哪？洛杉磯還是紐約？」

他停頓一會兒，然後說：「我有一個朋友在洛杉磯。她丈夫是片場的平面設計師。」

「嗯，這不就解決了。那就是你的入場券。如果 700 美元夠你去那邊，何不在那裡幫來福（Lyft）*或優步公司開車呢？給你的朋友打通電話，就說：『我得搬去洛杉磯，我的夢想不能再拖了，我能跟妳還有妳丈夫一起住嗎？妳家沙發能借我睡兩個禮拜，等我搞定一切？』最糟的情況是你花光了 700 美元，圓不了夢，再搬回來這裡。這下子你會更迫切地要開創自己的事業，在達拉斯找到志趣相投的夥伴。但你還是要去試一試，因為沒有比後悔更慘的事了。不搬去加州，你會抱憾終生。」我說。

「懂了，我收下妳的建議了。」

「希望你不要只是收下，而是接下我剛剛做給你的球，開始動起來。」我們談到這裡時，他笑了。我開始思考：他怎麼笑了？這不好笑，這很悲哀。我在為他的夢想奮鬥，比他還拚命。

---

* 類似 Uber 的共乘服務公司。

# 做個能看到機會的人

我當顧問輔導客戶已經 10 年了,而我要告訴你,世界上有兩種人:**一種是看到障礙的人,一種是看到機會的人。**

擊掌精神是行動導向,讓你能看到機會。而擊掌的好處在於會創造機會。但大腦濾網會影響你看見的,就如同這個故事中,經驗豐富的我坐鎮在後方,為愛爾瓦多指出機會所在,替他氣惱機會明明就在那裡,卻看不到,只看到擋住他去路的現狀。我們倆在同一個情況中,大腦濾網讓我們看見的並不相同。700 美元與一個夢想,我覺得這代表「上啊」,而他覺得這表示「我還沒有資格」。

所以只要幾分鐘時間,就能看清一個人是只會講空話,還是會行動。這跟一個人深信不疑的想法無關,而與他們的網狀活化系統息息相關,不是針對障礙和困境(比如:銀行戶頭裡只有 700 美元),就是瞄準機會(例如:可以借住在洛杉磯的朋友家)。

我跟愛爾瓦多談話時,抱持擊掌精神的人是我,而他滿口是阻礙他圓夢的事項。這是因為我的大腦濾網沒有堵塞,當愛爾瓦多跟我訴說夢想,我純粹就是抱持著擊掌態度為他應援。相對而言,愛爾瓦多則抱持長久以來建立的信念,總

是跟自己說，絕對不可能當上演員。因此，現在他腦中的程式，是設定成找出不能採取行動、不能達成夢想的原因。由於他的心態，夢想在苟延殘喘。這人需要擊掌習慣。

我一對一地輔導過數千人，在電視節目上跟幾百位來賓談過話，線上社群有幾百萬人，每天都在看這些人的來信。這不只是一個害怕搬家到加州的 25 歲優步駕駛的故事。如果你問問自己愛爾瓦多為什麼卡得這麼嚴重，答案就是：跟你卡住的原因一樣。

在你的生命中深深渴求某件事物，可以很駭人。

所以即使你朝思暮想，卻始終待在安全距離之外。你瞪著目標，渴求卻不敢靠近。這感覺實在太痛苦了，我懂，那就是我以前的寫照。我的口才極佳，可以將死的說成活的，可以讓所有人相信我的任何說詞。

但在我的人生裡，有很多年只能耍耍嘴皮，因為我還沒摸索出如何在害怕時行動。我曾經苦於明明知道目標是什麼，卻怕到無法動彈，什麼都沒做，就像愛爾瓦多一樣。你認為三思再三思、延宕再延宕是在保護自己，然而真相是，按兵不動令你很煎熬。

　　我知道你心裡有著要去冒險改變人生的力量。你害怕的事或許沒有愛爾瓦多搬家到加州那麼嚇人。也許是你離開職場照顧兒女與上了年紀的父母 5 年，現在得坐下來寫好一份履歷和求職信。

　　你的頭腦將所有的改變都視為威脅，所以你害怕冒險。

　　我分享愛爾瓦多的事，不斷用這故事的細節轟炸你，是因為我們很難意識到自己已經困在想太多的陷阱裡。原地踏步讓自己感到很安全。但當你閱讀愛爾瓦多的故事，我保證你一定看得出愛爾瓦多是如何阻撓自己行動。旁觀者清，我們一眼就能識破別人這樣做，就像當你心愛的人有自尊、自我價值方面的議題時，你也會一眼就看穿。若是能夠逮到自己正困在這種情況，才是真功夫。

## 翻轉恐懼與不安，看到圓夢的機會

　　請你停下來想一想，你想在這輩子改變、嘗試、做到的事情。

　　大聲說出口。

　　也許那是你很久以前放棄的事，但這件事依然在你的

腦海深處（就像我爸想去美國阿帕拉契步道健行，這是他從
18 歲當上鷹級童軍*起就有的夢想）。也許那只是一件你好
奇的事，也許是一件你覺得受到吸引卻不明所以的事，可能
你還沒允許自己去追求這件事物，也還沒訓練大腦濾網去找
出機會。

**你一直都很習慣否定你的夢想。戒掉這個習慣，要明白
你跟夢想的距離，比你想像中要近。**你可以用我的小抄翻轉
信念：

× 目前的限制性信念：現在
不是適合圓夢的時候。

✓ 翻轉：如果我努力，我可
以實現夢想。

當你讀著愛爾瓦多的故事，我要你找出自己的夢想，將

---

\* 美國童軍的階段計畫中，最高成就或進程。

它拉到腦海最前面、最中心的位置。雖說如果這本書取悅了你也是好事一件啦,但我想要做的是更深刻、更持久的事,我希望這本書激勵你去行動。所以請密切注意,因為我決定教愛爾瓦多擊掌信念,就用世界上最簡單的心理技巧之一:

為自己設下期限。

**定下期限表示你是認真的**。擊掌習慣最棒的地方在於它宣告著:「上吧!」也就是,現在就上!它會讓你重新出發。當你看著鏡子裡的自己,決心在期限內搞定事情,好戲就上場了。當你訂下一個日期,便是將目標的種子從心裡拉出來,栽種到現實的世界中,你的夢想與你正在締造的改變,成為現實。

「那你打算什麼時候搬?」我問愛爾瓦多。

「再一、二年吧。」他回答。

「什麼?還要再等一年?」我簡直是吼出來的。

「對啊……」他說道。

「我以為你說收下我的建議,是表示你要搬家了。一年?什麼嘛?這樣太誇張了吧?」我答道。

「很扯嗎?」他說。

「對，很離譜。你 25 歲了，在等什麼？離開達拉斯吧！」

「我想目前最大的難處是，錢不夠啊！我知道加州的生活花費很高。」

「你怎麼知道的？你又不住那裡。打電話給你朋友，研究一下這是不是真的成問題。這對話很簡單：『我可以在妳家借住幾個禮拜嗎？我要實現當演員的夢想。但我身上只有 700 美元，付不起房租，可以嗎？我可以睡沙發嗎？』你跟朋友聊完就會有答案。然後，出去找份工作，開始闖天下。你就是要這樣進軍演藝界。」

「好吧。」

「你什麼時候搬？」

「盡快。」

「盡快？給我一個確切的期限。」

他說：「這要怎麼說呢？」

「你需要一個明確的日期，才會開始行動，做該做的事。給自己一個期限，這是你的夢想，不是我的，愛爾瓦多！」

我可以感覺到他在思考。

「愛爾瓦多，時間有限。你只會一天天變老。你還有大好人生要過，我不懂你在等什麼。現在是 9 月中旬。你不需要給我承諾，而是要為自己下定決心，你要在 10 月 1 日前

搬家。這樣你就有 3 個星期做準備。上帝保佑，要是我又在
達拉斯搭優步，而司機是你，你就要倒大楣了，愛爾瓦多。
或許你放棄了自己，但我不會。畢竟事關你的夢想，我不能
不管。你的期限就到 10 月 1 日，年輕人。」

## 對自己嚴苛，反而把自己困在原地

　　或許問題是你一直在逼自己爽快地戳破自己的得過且
過，也許是你對自己很嚴苛，反而把自己困在原地。試試鼓
勵自己，給自己一點起步的時間，去做好準備，每天採取微
小的行動，想想你要改變的事。也許你想要改善婚姻、去上
一個健身課程、換工作、啟動你一延再延的計畫，或是重新
打造你的生活。現在，設定一個期限，決定什麼時候要開始
執行，讓塵埃落定，有足夠的時間和心力做好心理準備。

　　我其中一位女兒曾經因為焦慮休學回家，她在重返校園
時，就是用設定期限這招管理自己的恐懼。她說：「我想，
有很長一段時間我都沒有準備好回去上學。再逼自己做出改
變，不如乾脆把期限設定在不遠的將來，反而給了我很大的
轉圜空間，可以逐漸調整固定的生活作息。有了一貫的作

息，安排好我要修的課，等到期限到了，我就已經有了堅若
磐石的健康習慣。而不是在對自己的狀態有信心前，草率地
逼迫自己回學校。現在，等我搬回學校，就只是換一個地點
來執行同一套日常作息，不用轉換整個精神模式。」

　　將期限設定在近期，除了讓你能夠掌控事情，也會感覺
比較有動力。重要的是，你給自己起飛的跑道；給自己積聚
動能的時間和空間，每天執行小小的步驟去實現目標；你為
自己的成功鋪路。

　　善用這條跑道與合理的時間限制，每天練習作出小小的
改變，準備好迎接壓軸大戲。而跟自己擊掌是告訴你，你支
持自己的決定，是協助你勇敢改變人生的小小動力。

　　如果你因為恐懼而一直避免做出重大改變，那我們就設
定期限。我建議定在從現在起的 3 週後。3 週夠你擬訂一個
迷你計畫，規畫出從現在到那時所要做的事，每天練習這些
小改變，讓自己做好準備，等規定的日期來臨時，以 747 客
機般的強勁力量與速度起飛。

　　在告訴愛爾瓦多要為自己設下期限之後，我又問他是否
下定決心在 3 週後的 10 月 1 日搬去洛杉磯。

　　「是啊。」他答道。他的口吻讓我不踏實，感覺心不在
焉。所以我說：「其實這不是我的夢想，是你的夢想，那為

這個夢想奮鬥的人為什麼是我呢，愛爾瓦多？」

「是。對啊，那是我的夢想。我知道我辦得到。」

他的聲音沙啞了，我知道他內心有某個東西正在改變。他摀住臉，忍著淚水。

「我也知道你可以，只是得做出決定，然後執行。你得走出腦袋的空想，去追求夢想。如果你後來覺得加州不適合你，達拉斯的這份工作還在這裡等你。要是你討厭加州，就回來。要是你不喜歡現在這樣，就試試不一樣的生活。」

強忍的淚水，在這一刻流下來了。

停止想太多的時候就會這樣。當你清除了心理障礙，讓志氣、希望、夢想在內心自由流動，頓時會覺得情緒被釋放出來。

在那片刻，愛爾瓦多內心中的波動，將所有的藉口都清除了。有了清澈而開放的心胸與擊掌精神，愛爾瓦多可以看見自己在加州生活的可能性，可以看見自己努力工作，不在意睡沙發，四處抓住機會試鏡，可以看見自己成為演員、贏得奧斯卡獎，他可以看見自己成為一直想做的人。

當你允許自己感受你有多麼渴望圓夢，那種感覺會強烈

到難以抵擋。或許你會感覺到一股熱意在體內氾濫，令你整個人都微微刺痛，你周遭的所有噪音都會靜下來。當你真的沉浸在那一刻，意識到夢想其實有可能實現，只是你在阻撓你的冒險，你可能會跟愛爾瓦多一樣哭出來。

記得當我請你想想自己的夢想，並大聲說出來。現在我要你花一點時間，允許自己感受你有多想要那個夢想，以及你有多麼受之無愧。

**問自己：「你希望的生活是什麼樣子？」花一點時間去想像，看見自己盡心盡力建立理想生活。**允許自己感受你要做的改變，現在改變成真了，如果這會令你沮喪，就表示你相信那不可能實現。在這過程中，你會燃起希望，意識到你真的可以做選擇！

流淚就是這麼回事，那是你的心在說：「你行的，你做得到！」而這時你大概已經承認，你有多常放棄自己，只有一個辦法可以逆轉局勢，就是去冒險，你得冒險，拿自己打賭，去圓夢。話再說回來，仔細想想，擊掌代表的就是這回事：要你鼓起勇氣冒險 —— 我們拚了。

我對愛爾瓦多說：「你待在達拉斯的每一天，除了空想什麼都沒做，你覺得自己很失敗，恐懼壓倒了你。你來到這個世界，不是為了開車載著人來來去去，而是做個演員。你

明白開車是你現階段賺錢的一個手段，但那不是你的天命。考慮兩樣都做吧（開車跟演戲），但你根本沒在演戲，才會這麼迷惘。你背離了命中注定要走的路，跟自己失聯了，你不僅忽視自己的天命，還在心裡跟它爭辯。

「每天你都跟自己說再等一下、再等一年，大腦相信你的說法，更不可能讓你冒險。你會看到更多不去的理由，然後一回神，你 31 歲了，再回神 47 歲了，然而你依舊留在達拉斯。在這些日子裡，你都會覺得自己很失敗，因為你為夢想做過的唯一一件事，就是想出一大堆理由，說你不能擁有它。想像一下，如果你學會給自己加油打氣，毅然決然出發到洛杉磯，而不是待在達拉斯當縮頭烏龜，那會怎樣？」

我接著說：「所以愛爾瓦多，你得開始訓練頭腦，辨識出近在眼前的所有機會，別只看著障礙。你能不能從今天遇到的事情裡面，找出一件證明你應該搬去加州的事情？」

「我們現在的對話。」

## 訓練頭腦辨識出機會

現在，我們以這個故事為借鑑，為自己做點事。

　　要訓練你的頭腦停止搜尋障礙，辨識出機會。這很簡單，你只要寫下巧合、徵兆、證據就行了。這正是我要求愛爾瓦多做的事。這項練習的根基是你已經知道的「尋找心形」遊戲。只不過這一次，我們要讓你的頭腦協助你得到想要的事物。

　　你開過長途車嗎？假設你要開到丹佛，剛上路就經過一塊標記里程的路牌，寫著距離丹佛 400 公里，等你回過神，經過的路牌告訴你距離目的地 325 公里。越來越近，剩下 215 公里。就快到了，只剩 75 公里。這些里程告示是路標，讓你知道自己在正確的路線上，協助你記錄自己的進展。

　　你的生活中也隨時都能找得到里程標示，這些標示在你身邊俯拾即是，協助你倒數與目標之間的距離。只是你腦中的警衛擋下了近在眼前的所有證據。因此透過寫筆記，記錄那些指向夢想的「徵兆」，這樣可以改變大腦，蒐集那些象徵機會的證據，協助你更快建立自信。

　　以下是我叫愛爾瓦多做的事，也是你應該做的事。

> 準備一本筆記本、便條紙、日誌，隨身攜帶。每次看到什麼證據、徵兆、巧合，或是你應該搬去加州的正向說詞，就在筆記本記上一筆。我要你開始玩一個遊戲，假裝宇宙在四處給你留下線索，鼓勵你去加州。

寫下來，就是在訓練你的大腦，

讓它接受這個目標很重要。

　　透過書寫，你會啟動柴嘉尼效應 *（Zeigarnik effect），實際打造一份心靈的檢查清單，讓你腦中的警衛執行。因此每當你看到了鼓舞你向目標前進的徵兆和證據，寫下來便是在即時訓練及重塑大腦濾網。

　　前面有提到，這項習慣的基礎，建立在尋找自然出現心

---

\* 回憶中斷或未完成的工作，會比回憶已完成的工作更容易。未完成的工作反而不易遺忘的現象，稱柴嘉尼效應。

形物的這個習慣。當你命令頭腦找出周遭世界的心形,是在鍛鍊頭腦的彈性,這是拿頭腦做實驗的妙法。當你準備好筆記本或日誌,寫下任何你覺得與夢想有關的「徵兆」,便是在升級頭腦的彈性,並提升心智的能力。

我繼續對愛爾瓦多說:「好了,告訴我,你什麼時候搬家?」

「10 月 1 日。」他說。

「好極了。這口吻聽起來就像在出任務的人。擬訂你的計畫,10 月 1 日搬家。好嗎?」

「好吧⋯⋯」他說。

做為旁觀者閱讀這個故事,讀著我們的對話,你一定很清楚愛爾瓦多應該要怎麼做,你也可能跟我一樣,想對他大吼:「搬去加州!你有什麼毛病啊!」但難處在於別人一目瞭然的事,往往是你在生活中最難察覺的盲點。還記得我女兒總覺得自己是酒吧裡最醜的女生嗎?你我一眼就能看出,她只是被限制性的信念卡住,但自己哪裡卡住,是很難看出來的。

# 清除阻礙夢想的大腦濾網

換你開始跟大腦濾網玩玩。此刻，你的大腦濾網聚焦在阻擋夢想的障礙上（沒時間、沒錢、不確定從哪裡開始、覺得愧疚、我很擔心、我覺得自己像騙子，因為我沒做過這種事……）。我們來一筆勾銷。

## 第一步：跟自己擊掌

到 High5Challenge.com，我們一起連續 5 天跟自己擊掌。即使你已經在嘗試了、完成了，我們再試一遍，這一回由我鼓舞你追求心裡的目標，如何？

## 第二步：設定期限

從現在起的 3 週後，你要動起來。不論是加入健身房、開始療程、辭職、分手、打電話給房仲找新公寓、提筆寫小說、開始一個新的健康習慣等等，在隨後 3 週裡，為你的目標蓋出一條跑道，開始準備。每天擊掌鼓勵自己前進，一次踏出一步，完成你的準備工作：

☐ 你可以聯絡誰？

☐ 你能寄出什麼電子郵件？

☐ 有什麼是你一直迴避卻可以承擔的風險？

☐ 你可以找誰幫你或給你建議？

☐ 假如你不曉得怎麼做某件事，是不是有能夠參考的書籍、部落格或 YouTube 影片？

## 第三步：寫下徵兆

準備一本筆記本，每天訓練大腦濾網尋找證據、徵兆，找出能夠讓你相信自己正朝向目標前進的一切事物。把這當作遊戲，記錄全部的證據。這些證據能證明你的夢想是活生生的。宇宙在給你發送訊號呢！

## 找出屬於你的徵兆

愛爾瓦多明確地知道我們的對話是一個徵兆，我是這樣跟他說的：

「正是如此，愛爾瓦多。說到你的未來，我是最像你幻想中經紀人的人。我在好萊塢工作，主持一個日間談話節目。我要告訴你真相 —— 沒人會找你，我願意跟你打賭。你幻想著某一天，車子停在達拉斯沃斯堡機場，上車的客人是一位好萊塢的經紀人，於是你華麗地翻身了。不會有那種事的，宇宙送來的人是我。所以你被狠狠訓了一頓，聽到冷酷的真相。

「你以為只要窩在這裡，坐在方向盤前就不會受傷害的話，那你就錯了。每一天，你在達拉斯起床，坐上這輛車，一邊載著客人來來去去，一邊想著你的夢想，你的心會慢慢死去。你的志氣要窒息了，想東想西、這麼久的等待、如此多的挑剔 —— 這些都在扼殺你的志氣。

「如果你不滾出達拉斯，冒險去加州，演技再精湛都沒用。如果你不肯踏出那一步，你有多詼諧、多有才華都沒有用。重點不在演技，而在動身去嘗試。要聽見別人的評價，關鍵是你得出面，一遍一遍再一遍，那是身為演員的真正作

為。你不把握現在，以後就別做夢了。開始行動吧！你要進軍演藝界嗎？」

愛爾瓦多說：「我要進軍演藝界。」

「很好。」

「我要進軍演藝界。」他又說一遍，興致勃勃，「我會遞辭呈，搬去洛杉磯。」

「10 年後，你贏得奧斯卡的時候，最好要感謝我。」

他說：「我會的，我是會牢記這段對話的人。」

「嗯，你最好記得謝謝我，因為我也會記得的。」

幾分鐘後，我到達下榻的飯店，抬手抱了抱他，跟他揮手道別，走向大廳，無奈地搖著頭。

阻擋他圓夢的唯一障礙是自己，而你跟他同病相憐。

這場精采的對話發生在兩年前。可能你會好奇他有沒有搬家。我不知道。八成沒有，也可能有，但那不重要，我說出這故事，是要讓你知道你每天都可以做選擇。你可以迎向夢想，或是反駁它，抵抗你內心的欲望，跟自己說「我絕對做不到」，令你的生活壓力沉重。

這個故事的重點在於：你有注定要追求的事物，唯有允許夢想拉著你穿越恐懼，你才會找到。即使每一個值得追求的夢想，勝算都對你不利，但勝算低一點也無妨，因為我知

道，如果你打安全牌，不去圓夢，無論夢想是什麼，都會遺憾一輩子，這是我吃盡苦頭才學會的教訓。**鼓起勇氣去追求夢想，遠遠比實際達成夢想更重要**。其實，是你嘗試的行動，榮耀了你內在的真性情。

因此，一旦愛爾瓦多到了洛杉磯，無論他的境遇如何都無所謂。重點是他決定相信自己，搬去那裡。他信任自己搞定事情的能力，他鍛鍊出了只有使出全部本領、承擔風險，才會有的韌性。

那你呢？看完愛爾瓦多的故事，你會怎麼做？你會有自己版本的故事，就如同愛爾瓦多的「搬到加州去」，我的版本叫「推出播客」。

因為相似的經歷，所以我對愛爾瓦多的痛苦感同身受。等我推出了播客，又會有另一件我想太多、害怕去做的新事物蹦出來，伴隨著我嫉妒的人。那全都只是被恐懼與不安堵塞的志向，像是困在籠中的小鳥，唯有行動才能夠讓心中的鳥兒自由。這是生命的遊戲，你不如就下場玩玩吧！

**調校心態**

失敗是你放棄時才會發生的事。

　　我想那場對話發生的原因，不是為了讓愛爾瓦多搬去加州，而是為了讓我有一個淺顯易懂的例子能夠跟你分享，真實無欺，你會心有戚戚，為了他不搬家而悲傷憤怒。也許他的固執與恐懼是你需要的提示，如此你才會醒過來看見自己。

　　當你像我一樣坐在車上，對愛爾瓦多既生氣又灰心，我希望你會回過頭來想一想，自己又是如何因為害怕而裹足不前。什麼都不做是一個決定，等待是一個決定。你認為追逐夢想有風險，但你錯了，最大的風險是什麼都不做。因為如果失敗了，是可以回頭的，繼續做你現在的事。而根據研究，要是你失敗，你下次嘗試時成功的機率是兩倍（我猜這就是我成功的原因）。

　　你可能跟愛爾瓦多一樣，有一個夢想，在你開車時、站著淋浴時、坐在桌前、閱讀本書時、洗碗時和遛狗時都會想著它。就跟愛爾瓦多一樣，無時無刻一直在想、在等待，

等著完美的時機、等著誰來發掘你，或是給你許可。你等啊等，等到你有一長串想做的事，等著自己準備就緒，漫長的等待，逐漸扼殺你的夢想。

## 行動就會看見圓夢的證據

你現在可以決心給自己一個期限嗎？在 3 週後，轉身面對你想要的目標。你能不能找到證據，證明那是你注定要做的事？拿出筆記本，通通記下來。你能不能去發掘引導你走向目標的步驟？

愛爾瓦多覺得我搭到他的車是一個徵兆，所以我們就把你捧著這本書的事實當作「你該醒醒了」的徵兆，開始去改變你的人生。在你選擇改變的那一分鐘，人生就有所轉變。

每一天，你可以在起床時注視鏡中的自己，擊掌鼓舞自己前進，你也可以用「啊」開啟你的一天，繼續開計程車轉圈圈。但我希望你握住的方向盤，能轉向夢想的方向，鼓勵自己前進。

我對你有信心。我認為你有圓夢的本事，但這得由你作主，你不想要，永遠都會有一百萬個不去圓夢的藉口，不論

是沒有想做的心情，或是不相信自己。

人生唯一重要的事，是你採取的行動。越是堅持去行動，越快開始相信自己，因為你會看到證據，證明你不是會在原地止步、認定自己不配的人。任何事都沒有完美的時機、完美的計畫或完美的時刻，只有此時此刻，而你來得正是時候。但時間有限，當你想著你要的生活，卻不踏出改變的一步，內心的夢想會被推到後方，越推越遠。夢想不會離開你，倒是會陰魂不散地糾纏你。

你的夢想是你的責任，沒人會來找你。

如果你和愛爾瓦多一樣，沒有行動，光是坐在達拉斯，做著成為演員的夢，等待來自加州的經紀人找上你，是等不到人的。

如果你躺在倫敦的沙發上，等著誰來幫你安排約會，沒人會理你。

如果你考慮在雪梨發展生意，而你在等待第一位客戶神奇地蹦出來，向你購買護膚產品，不會有那種事的。

如果你想要嶄新的未來，就端出追求未來的架勢。無論多害怕，開始就對了。每天起床，就跟你在鏡中看見的人擊掌，給他勇氣，然後設定期限，展開行動。

# PART 4
## 做自己的人生教練

# 第 11 章
# 別為了融入群體，
# 而放棄做自己

　　打進群體是一件令人痛苦的事。人們從學生時代起就為了融入群體而努力，我也是。不如我們做個約定吧？不要再為了成為「他們的一分子」而苦惱，而是做自己。別再讓惱人的問題有登場的時機了，像是：如果我這樣做、這樣穿、這樣說……你還會喜歡我嗎？或是我要怎麼做，你才會喜歡我？

　　長大以後，只有一個人的意見很重要，就是你的意見。我們之前雖然一直強調，但我還是要再提醒你一遍，因為人們東張西望尋求認可的習慣真的很難改變。

　　如果你的想法跟我差不多，聽起來就會是：

　　「你喜歡怪獸卡車賽車嗎？我也是！」

　　「好啊，如果大家都要再來一杯啤酒，那我也要。」

　　「我覺得再等一、二個月好了，等到我的頭髮在大企業

的環境裡也很自然的時候再說吧！」

　　「我根本就不喜歡兄弟會、姐妹會那一套，幹麼又急著要加入呢？」

　　「要是我沒有那個牌子的牛仔褲、布鞋、手提包，我會覺得自己輸人一等。」

　　「只要再打一層粉底、再多上一點腮紅，我看起來就會跟我的朋友們一樣。」

　　　　我們怎麼都那麼沒安全感呢？

　　要怪就怪人生吧！從你開始上學，生命的原動力就變成了融入群體。這不只是為了社交，有時還攸關存亡。小時候去學校食堂用餐，都曾經希望自己可以跟某一群人一起坐。但願在學校可以跟那一群女生一起玩，但願你夠富裕可以擁有漂亮的衣服。期望外表可以更像周遭的那些人，期望自己可以有優異表現，擠得進足球隊、獲選為音樂劇的演出名單，或登上榮譽榜。想要身高高一點、皮膚健康一點。但願生來就有好腦袋、有運動細胞，或是有完美的音準，這樣你的生活就會平安無事。

　　一切就是這麼開始的。你看見的世界，開始區分成你所

屬的群體,以及與你不相容的群體,於是你開始改變自己的言論與感受,只為了融入群體。就是在這一刻,你不再接受鏡中的自己,排斥原有的一切,諸如:牙齒太大顆、皮膚長痘痘、太矮、太大隻、太多雀斑、頭髮太捲……。這時,你犯下人生最大的錯:**你情願融入群體,也不要做自己。**

我們都曾經這樣,咬牙念完國中,逃都逃不過。融入群體的問題是,接下來的人生階段也會依然如此,高中、大學,甚至是職場生涯或郊區生活,事實上,整個成年生活都是如此。你說服自己「跟別人一樣日子比較好過」,因此你找工作且努力向上爬、找個人定下來、養隻狗、買房、生兒育女、加入城鎮的足球隊……。童年忙著融入群體的行為,在成年後就轉變成努力不落人後。

這不光使你習慣了東張西望,尋找自己能融入哪個群體,有時候,這樣的人生經歷也會令你覺得在哪裡都沒有歸屬感,彷彿千刀萬剮的凌遲。也許你媽一直批評你,什麼芝麻綠豆大的事都要念一下。或許你爸強迫你投入某種運動、逼你念法律系,但你其實想要演話劇,即使過著壓力大的窮苦生活,也在所不惜。你可能有一群在你背後捅刀的朋友,或許你是辦公室裡唯一的黑人,別人對你一直帶著細微的挑釁,於是你開始模仿其他人的談吐與行為,融入你覺得格格

不入的職場。

　　不論別人傳遞給你的訊息微弱，還是重重敲進你腦中，這個訊息都象徵著：與其展現你美麗、獨特的真實自我，還是討人喜愛比較好。對你來說，融入群體或許會比較安全，因為做自己就會有風險，當你失去了歸屬感，就會覺得世界太遼闊，而自己很渺小。

　　在四面八方的喧嘩裡，你忽略了世界上最重要的聲音 —— **你自己的聲音。**

## 融入群體與焦慮的關聯

　　當你不能做自己，你會感到焦慮，因為你不知道應該做誰，於是你不停地察言觀色，觀察其他人，判斷什麼才是合宜的言談舉止。於是，緊張不安成為你的常態，而你會質疑自己並預演一舉一動，比如：句子這樣寫對嗎？我應該發出那條簡訊嗎？

　　尤其是女性，更容易受到這類焦慮的折磨，原因是，在自己所屬的社會角色裡，女性更容易接受自己角色該有的教養和表現，像是扮演好女兒、妹妹、好學生、合群的人、一

生一世的好友、可靠的員工等。總是在確保媽媽開心、爸爸不生氣、衣著「得體」、在課堂上的回答「不蠢」、在派對看起來漂漂亮亮，即使自己已經精疲力竭，依然扮演好每個角色。

擔憂「別人會不會喜歡你」，對這類人來說，早已是家常便飯。但現在的社會環境，融入群體、跟別人一致的壓力，比起你我小時候還要嚴重很多。

高中舞會就是最典型的案例，想到我就一肚子火。

我的女兒們上了高中，鄰近畢業要準備舞會時，我既震驚又氣憤地看著學校的女孩們繼承傳統，在舞會之前四、五個月便建立臉書群組，連舞伴都還沒找，就先開始說要買哪一套舞會禮服，甚至宣示主權以免跟別人撞衫。

這怪異的體制，透過全校的女生來強化「你不能只做自己」的觀念，你連買自己中意的禮服都不行，彷彿清楚地透露出「做事要懂規矩」的訊息。禮服是否適合你並不重要，但要是你的禮服款式，跟別人大同小異，那就是天理不容。

更糟的是，如果你打破這種潛在的社交規範，整個學校的體制會「生你的氣」。沒人停下來思考這是何等荒謬。隨

著臉書畢業群組的貼文開始變多，女兒們給自己跟我沉重的「逛街」壓力，選購禮服不再是美好的高中回憶與成年禮，反而讓我們在美國諾德斯特龍百貨（Nordstrom）的試衣間裡，引爆一場充滿焦慮的吼叫衝突。

我和女兒大吵一架，因為她找到了完美的禮服，可是別人早已對那件禮服「宣示主權」。我反駁：「顏色又不一樣！」她說：「我不能買，不然所有畢業班的女生都會對我很不爽。」對了，這一切發生時，她連男伴都還沒開始找！

再這樣下去，我們逛 2 小時百貨公司的戰果，大概是她得預約 3 個月的心理諮商，探討我為什麼那麼愛發脾氣。

我自己的體會是，我女兒很清楚在人生的這一刻，有一個應當扮演的角色 —— 她不能選購喜歡的禮服，而是必須符合別人設定的標準。畢業舞會引發的所有焦慮（禮服款式、彩妝、髮型、美甲、防晒霜、租借禮車和除毛等），都是為了完美扮演一個角色。

怪不得我們從不知道如何做自己。從小到大被灌輸著要遵守社交規矩的教條，而「規矩」與真實的你之間的差距，就是焦慮趁虛而入的缺口。我女兒與她的朋友們都說，尋找舞會禮服讓她們很焦慮，但真正的焦慮是，如何在這個規矩滿天飛的世界中，找到自己的路。

　　我們都需要關注的真正關鍵，不是別人會不會喜歡這套禮服、髮型、職業或決定？而是我喜歡這樣嗎？試想一個高三女生明知有人在智障臉書首頁對某套禮服「宣示主權」，要有多大的膽子才敢選擇穿同一套禮服。孩子們會認為這是「社交自殺」。

　　我認為人生的祕訣是：**做符合自己需求的事，別人愛怎麼說都隨便他們。因為別人怎麼說都不重要，真正要緊的是：你喜歡自己嗎？**

<blockquote>你永遠無法停止在乎別人的感受。</blockquote>

　　要是你可以不在乎別人的感覺，只關注自己，你就是自命不凡的自戀混蛋。你應該在意別人的意見，但這不代表你得順從他們的意思；如果要改變人生，你得學習尊重自己的感覺，不要把別人的心情看得比自己重要。

　　你也得學會給別人空間，允許他們有自己的感受，並且不要介意（如果你很難不介意，可以參考第9章關於愧疚的論述）。這極為重要，如果你不能看重自己，就會尋求他人的肯定。

　　在我的人生中，我基本上是一隻人型變色龍，發生過太

多次迎合別人的事了，在這段關係中需要怎麼樣的人，我就會扮演成那樣的人物類型，尤其是在愛情關係。我不僅對我不想做的事情說「好」，還會假裝喜歡我不喜歡的東西，只求跟別人打成一片（哈囉，我的「死之華合唱團」\*時期）。

在這本書一開始，我就強調了「擊掌習慣關乎改善你與自己的關係」。這相當重要，因為**你與自己的關係，是其他所有人際關係的基礎**。

如果你對自己有安全感，在其他人際關係中，你也會有安全感，便能夠畫出界線，可以給別人做自己的空間，同時請求你需要的愛與支持。如果你對自己沒有安全感，你對別人也不會有，還會把不安感，帶進你跟每個人的互動中。

## 批判你的人是你自己

我有個故事想告訴你。

在我三十幾歲時，一頭栽進個人成長的領域。那彷彿我第一次吃泰式炒河粉，萬萬沒想到以前居然錯過人間美味！

---

\* Grateful Dead，美國搖滾樂團。

自從我嘗到個人成長的美妙滋味,克里斯跟我把人生當作自助餐來享受。只要是我們找得到且負擔得起的課程、僻靜、訓練、改變生命體驗等活動,不分類型,我們通通報名。

我們學習冥想、練習瑜伽,還接受荒野急救醫療技術員的培訓,報名提高生產力和溝通能力的課程。有了這些經歷,在一堆配戴姓名牌的陌生人中,我們發現了同類,跟自己、彼此與人生目標,都有了更深的連結。

我記得將近 20 年前,我坐在美國脫口秀主持人歐普拉(Oprah)的《活出你最棒的人生》(*Live Your Best Life*)巡迴講座的觀眾席。DJ 在波士頓會議展覽中心(Boston Convention Center)播放舞曲,我跟許多戴著姓名牌的女性起身跳舞,跟四周每個人擊掌。我們坐下時,下一位講者上台了,是歐普拉的人生教練瑪莎・貝克(Martha Beck)。當時我根本不認識她,也從來沒聽過她的大名,但她一開口,所有的聲音都靜下來了。

我聽到自己說:「我要做『那個』!」我連「那個」是什麼都沒概念,但我現在可以告訴你,就在那一瞬間,我決定成為人生教練。

我最初的行動,是找老師來訓練我。我從 MIT 史隆管理學院(MIT Sloan School of Management)找到完美人選,

她是一名副教授，開設了一門「人生設計」的課。在週末，我自願到一間生活改善公司領導研討會議，但我不曉得怎麼自己開展人生教練這個職業。

在我白天的工作做了 6 個月後，接受了人生教練這一行的訓練，並自願在週末擔任課程代表，老師說我「準備就緒」，可以開始向付費的客戶推銷自己了。我問她是否需要證書，如同文憑以證明我的資格。

她毫不躊躇地說出我聽過最有人生教練口氣的話：「妳不需要一張紙來證明妳有資格，梅爾。妳只是害怕了。」她一邊說，我一邊感覺到焦慮升起。

「我要給妳份作業。」她說，「給妳兩週的時間去找到 3 位付費客戶。如果有客戶要妳拿出證書，否則不跟妳合作，到時我再去史泰博\*買張浮誇的『證書』表格，然後幫妳簽字。梅爾，妳在生活改善公司帶領研討會議好幾年，妳訓練有素，有幾年的教練經驗、有法學院的學位，還是受過培訓的危機處理顧問（crisis intervention counselor）†。妳早已經準備好輔導別人了，只是在害怕。不需要證書，出去敲定妳

---

\* Staples，大型辦公用品連鎖店。
† 輔導別人度過危機的專業人員。當事人也許會傷害自己或別人，也許承受著喪親之痛等。

的生意吧！」

那如同我給愛爾瓦多的精采精神喊話，這次我是聽訓的那一方，每分鐘都渾身不自在！她說得對。我為了圓夢已經辛勤耕耘、磨練了好幾年。我的志氣持續到當天晚上的雞尾酒會，有人問我：「妳做哪一行的？」

我答道：「我是人生教練。」（那是 2001 年的事，在當時這一行真的不成氣候。）

「人生教練？人生教練是什麼？」

我僵住了，想要融入群體的欲望發作了（喜歡我吧，拜託）。我彷彿可以看見他腦袋裡的滾輪轉動起來，在思考「人生教練」這個詞。記得當時，我感到很羞赧，脖子發燙，臉頰也紅了。

我開始胡思亂想：「我敢打賭，他覺得人生教練像戒酒成功的人會做的職業，或 23 歲大學剛畢業找不到工作的人才去做的事。」

要是我有從史泰博買來的「人生教練證書」，我會抽出來給他看，即使如此，卻不能消弭我的恐懼。訓練我的老師說得對，不必用證書來證明什麼，在這之前，我已經因為自己的不安全感而陣亡了。

不論你對什麼沒安全感，不論你最深的恐懼是什麼，你

會將那一份恐懼投射到每一次對話，尷尬的靜默中，甚至是發簡訊。

 **調校心態**

批判你的人不是別人，而是你自己。

　　而你的不安全感與負面的自我談話，有個很賤的特質：那些想法和批判言論都在你的腦袋裡，不是在別人那裡。不論你對自己抱持什麼負面的看法，你會以為別人也是這樣看你的，就如同那時我最怕別人不喜歡我、不認同我做的事。但最重要的關鍵是：這位先生不是在批判我，他只是在思考。批判我的人是我自己。

　　你也在做一樣的事！在別人腦中聽見來自自己內在的批判。其實我完全不曉得這位先生對我或人生教練這一行的看法，只看見他沉思的樣子。在這種事態不明朗的時刻，會自動將自己的恐懼與不安全感，投射到別人身上。

　　如果你害怕讓別人覺得你太矮、太招搖、不迷人、惱人、怪異，或是認為你賴以維生的工作很蠢，你會預設別人這麼想。但其實沒人會熬夜想著你的瑣事，別人想著自己的

鳥事就夠忙了。

假如那位先生跟我一樣是沒安全感的人，你猜他會怎麼想：只有我不知道人生教練是什麼嗎？

在那個寂靜的片刻，我以為他會覺得我蠢到爆，「人生教練」這職業是他聽過最白痴的事，是找不到正經工作的人才會做。

即使我不認為人生教練這個工作蠢，甚至認為做教練是世界上最酷的事。但這對我來說還不夠好，因為我真正想要的是別人的認同和喜愛。我想要融入那位先生的世界，所以我開始批判自己：「他一定認為這很呆。」

猜猜看實際是怎樣？我的想法大錯特錯，他根本不是那樣想的。在彆扭的靜默後，他問道：「說真的，我沒聽說過人生教練。妳都做些什麼呢？」我向他說明我輔導的對象，是覺得自己卡住了的成功人士。他答道：「這不就是我嗎？」他便成為我有史以來第一位客戶，他的太太就站在他旁邊，她說：「費用怎麼算？他需要妳這樣的人。」這件事便迎來圓滿的結局。但很多時候，別人會批判或嘲笑我做為人生教練的工作。

我第一次跟一群女性朋友說起我的新事業時，其中一位轉向我，說道：「人生教練？誰會找妳輔導他們的人生？」

見到我驚訝的表情，她試圖軟化她剛剛給我的打擊：「不，我是認真的，妳不是心理醫師，怎麼曉得該怎麼做？」

這是合理的疑問。當我打消自己的不安全感，我看出她詢問的原因。過去我不曾跟朋友聊我對個人成長領域的滿腔熱血，怕會招來批判，所以她完全不曉得將近 5 年，我都在訓練自己成為人生教練。

我與朋友們聊了一會我接受的訓練和經歷。幾個月後，她的一位大學朋友找上我。原本我認為她在批判我，其實她不過是在發問，最後還幫我介紹了生意。

## 翻轉在意他人眼光的焦慮

當你清楚自己想要締造什麼改變，你可能會恨不得說：「所有人都給我閃開。我要活出最棒的人生，愛做什麼就做什麼。要向世界豎起兩根中指！」

關於人際關係跟不安全感的故事有了快樂結局，但尋求別人認可的心態，遠遠不只是穿上適當的舞會禮服或一張史泰博的證書，就能得到滿足和肯定。你一直需要別人的喜歡、要別人認同你的決定，以致你把自己與生活都扭曲成死

結，守著令你痛苦的事業、友誼或婚姻。

> ✕ 目前的限制性信念：大家
>   會怎麼想？
> ✓ 翻轉：我的快樂比別人怎
>   麼想更重要。

　　跟大家分享凱薩琳（Katherine）的故事。她從愛爾蘭找上我，她是一名成功的廣告公司主管，但她的婚姻並不美滿。她說：「我這輩子都在做我認為我該做的事。念愛爾蘭最好的大學，並拿到碩士學位。去了倫敦，交到男朋友，然後訂婚，但我們倆根本不適合，卻把 30 歲之前該做的事全都做完了。」

　　她的婚姻很快便走上歧路。儘管如此，她用盡一切辦法挽救婚姻，還做了半年的婚姻諮商。她描述他們的婚姻是「愛爾蘭式離婚」*，她解釋道：「我丈夫在英國，我回到愛爾

---

\* 愛爾蘭信奉天主教，過去曾立法禁止離婚。如今即使廢除禁止離婚的法律，離婚的手續和條件仍然極為苛刻，因此至今離婚率依舊很低。

蘭的家。」她表示，在愛爾蘭，她的朋友們沒人離婚。即使
她很想離婚，但只要想到大家不會喜歡她的決定，就不敢動
彈。她跟媽媽提起結束婚姻的念頭，她母親說：「那妳可憐
的孩子們怎麼辦？」謝啦，凱薩琳媽媽，這句話狠狠刺傷了
她，就這麼過了 2 年。所以這些年來凱薩琳的焦慮與不安全
感交織在一起。

引起焦慮的原因有兩個：

1. 你從來都不曉得如何是好，唯一的行為準則，就是確
   保不會惹任何人不高興。
2. 焦慮來自你明確知曉你沒有對自己誠實，而活在謊言
   裡令你焦慮，因為你認為一旦真相浮上檯面，就會受
   到嚴厲的懲罰。

每天起床，就是扮演好角色，可能是好女兒、好妻子或
勤奮的員工，但你怨恨你的生活，這不是擊掌的人生，這本
身就是地獄。

如同凱薩琳，她應該做什麼樣的人，每個人都有意見：
她的母親、朋友、天主教教會、愛爾蘭這個國家。他們寧可
她維持婚姻關係，也不要她離婚追求幸福快樂。因此有 6 年

時間，她想要離婚，卻守著痛苦的婚姻。她活在謊言中，以換取別人的認同。

## 把自己放在第一位

凱薩琳說：「某一天夜裡，我躺在床上輾轉難眠，這時我想通了，只有我一個人會在夜裡承受壓力給我的痛楚。我在乎別人怎麼看我，但誰都不會在晚上來幫我蓋被子、關心我的痛苦。他們沒有幫忙我熬過這些日子，我又何必在意他們怎麼想？」

隔天他們一起去看心理醫生，醫生請凱薩琳和丈夫想像兩年後的生活。醫生讓兩人分開，沒讓他們站在一起，說道：「這代表你們離婚後的生活」凱薩琳開始落淚，想著她的母親和朋友會怎麼想。

然後，心理醫生請她站到丈夫旁邊。醫生說：「想像兩年後你們仍然是一對夫妻。」凱薩琳細細思索自己真正想要的是什麼，如果繼續守著丈夫會怎樣？她開始歇斯底里地啜泣，當場請求離婚。

當凱薩琳認同自己、喜歡自己的人生，可能會惹毛媽

媽、孩子、朋友、教會、甚至是愛爾蘭這個國家，但至少她很快樂。

做符合你需求的事一開始會很難，可能會引來別人的訝異或閒言閒語，但那又如何。你現在的生活很苦，別人早就在講你的八卦，你已經不快樂了。面對自己的內心，唯一會失去的是他人的意見、困住你的悲慘工作或感情，但隨著那些事物帶來的沉重壓力消失，你會得到自由、快樂，最重要的是，你會更加堅實自信，因為你把自己放在第一位。

如果凱薩琳的故事，啟發了你，讓你開始認真檢視自己的生活，在此提供一個簡易的判斷標準，讓你知道是否有把自己擺第一：**當你不想跟伴侶、朋友、生活形態、工作、情況擊掌，就代表該是改變的時候了。**

在任何時刻，只管問自己：「這是我想要擊掌的對象嗎？」如果答案是否定的，你有一個選擇：努力改變它或終結它，為新的事物挪出空間。

 **調校心態**

一個改變可以打開無限的可能性。

　　自從離婚後，凱薩琳的生活可以說是全方面的改變。她不只離開了失敗的婚姻、敲定了一個很棒的新事業機會，還買了房子。她告訴我：「2 年前，我下床的唯一動機，是要讓孩子們吃飽、換衣服、送他們上學。現在該是照顧自己的時候了。我每天起床會去運動，跑一下跑步機。現在的我在學習把自己放在第一位，回想過去的生活，我很訝異以前怎麼沒這樣做？」

　　她以前沒有這樣做，是因為她不知道如何以自己優先。人們想要融入群體的需求、想要得到認同的渴望，已經深入內心，很難意識到自己的日常生活，受到多麼強大的控制。

　　改變永遠始於小事，例如：每天早上起床，就對著鏡子跟自己擊掌。當你改變對自己的看法，以及給自己的待遇，全新的可能性便會為未來的你敞開。這始於正視你的存在，將自己的需求放在第一位。小小的改變，會在生活中的每一個領域啟動雪球效應。就像凱薩琳說的：「我終於覺得我在駕馭自己的人生。」

# 第 12 章
# 面對失敗的反應，決定輸贏

## 劇透警告：生命會考驗你

當你努力想要改變人生、達成目標或圓夢，這時你會一頭撞上路障。向來如此，無法避免。比如：入學考試不合格、夢幻工作沒了、染上病痛、你競選失敗，每次你提出你的想法、產品線、書稿，對方都會回絕你，你已經被拒絕上千遍了……

而以我為例，在我奮力推出第一本書的時候，犯了一個又一個的錯。

遇上這種事，我會陷入負面思緒與情緒的死亡迴旋，束手無策：

「我做什麼都不順……」
「我就知道會出事！那我幹麼繼續努力？」
「看樣子我會失敗，不會有好結果的……」

「事情太複雜了，我的方法不對。」

「我太白痴了，竟然以為這樣行得通……」

「我老是白費力氣。」

「我的代數老師、幼兒園老師、鋼琴老師、田徑教練、前妻、老爸是對的。」

「我永遠一事無成。」

我受夠了！我放棄！

你面對失敗的反應，決定了你是贏家還是輸家。我不是要講難聽話，但這是事實！後面我們會講到細節，但現在你只要記得，在遇到鳥事的時候想著：這是好兆頭！我一定做對了什麼。

相信我，我對搞砸事情略知一二（其實我寫了一章來談我的悲慘事件，見第 14 章）。我懂那種彷彿全世界都在跟你作對的滋味與處境。

我在 2017 年推出《五秒法則》時，開賣過程慘烈到不行。

那是我第一次出書，為了搞定出書事宜，我花了 6 個

月研究暢銷作者的做法，詳細地規畫這本書的行銷活動：舉辦預售活動、製作網站、制定社群媒體行銷漏斗方案[*]。在開賣的那一天，我根據通訊清單寄出線上購書連結，我很驚喜居然有幾千人下了訂單。接著，電子郵件才發出去沒幾個鐘頭，我陸續收到回應：

「梅爾，亞馬遜網站上顯示這書『沒有庫存』。」

有一秒鐘，我樂瘋了。我以為全部的存貨才短短幾分鐘便銷售一空，做夢都不敢相信會有這種事。但埋怨我的書「沒有庫存」的電子郵件持續湧入，我這才意識到以通訊清單的人數，根本不足以掃完庫存，一定出問題了。

後來我才知道這是亞馬遜的機制，當亞馬遜書店察覺某一項商品出現爆量的訂單，便可能先將商品標示為「沒有庫存」，直到他們調查完那些訂單，確認是真實的抑或是機器人的傑作。

但我就倒楣了，因為那表示讀者買不到我的書。整整 2 週的打書期，即使讀者想買也不能買。

成為暢銷作者是我一直以來的夢想。在我的願景板上，

---

[*] 不同客群重視的訊息不一樣，針對各個目標客群的特性，設計適合的行銷方針，以盡可能吸引潛在消費者購買。從廠商撒網到消費者購買的過程中，由於潛在消費者的數目層層遞減，畫成圖形就像漏斗的形狀，因此稱為行銷漏斗。

有我剪下來的「《紐約時報》暢銷書榜第一名」跟「出版奇蹟」的圖案。我想像著雜誌報導我，因為我選擇了自費出版，而報章雜誌稱呼我是出版界的「顛覆者」。

我是個徹頭徹尾的笨蛋，我完全沒想到也不曉得，自費出版代表大部分的暢銷書榜不會承認你的書。這導致精裝書真的很難在地方書店找到。

雖然我的確面臨到真實的難關，但是我的心態才是造成墜落並焚毀的最大主因，我不斷用負面思維轟炸自己：

「我怎麼會笨成這樣？」

「我什麼都搞砸了。」

「等到問題解決後，就沒人要買這本書了。」

「我怎麼老是學不乖？我應該跟出版商合作的。」

「為什麼我總是諸事不順？」

在心態上，我彷彿向地面俯衝。你可能也嘗過這種心情，將希望與夢想傾注到一個目標上，然而目標沒有實現。比如：看著別人去念你夢想中的學校、擠進球隊的先發陣容，或是別人升職，而你認為那是你應得的。這很痛苦，但不代表別人不配擁有，只是這些時刻容易讓你當作武器用來

打擊自己。這種事我就做過。

# 最快振作自己、翻轉信念的方法

當時我覺得天都塌了，但我沒有崩潰的本錢。那些千辛萬苦才安排好的行銷活動和播客訪談，說什麼我都要撐下去。我得振作。所以我開始跟自己說我最需要聽的話：「梅爾，妳都拚成這樣了，不可能白忙一場。妳得信任美好的事正在醞釀，只是現在還看不出來。」看出我怎麼翻轉限制性信念了嗎？

**x 目前的限制性信念：我諸事不順。**

**✓ 翻轉：**
**1. 美好的事情已經在醞釀了，只是現在還看不出來。再接再厲！**

**2. 當你聞到屎味，附近一定有一匹小馬。**

　　人生有時就是會烏煙瘴氣，即使再怎麼努力都沒喘息的餘地，還是只能繼續前進。**你得信任美好的事正在蘊釀，只是現在還看不出來。**這句話就像人生的中場休息，給自己精神喊話。痛快地哭一場，拍掉身上的塵埃，繼續為你要的事物奮鬥。如果**你現在放棄了，就等於放棄了自己。**務必告訴自己更好的事就要來了，並持續向前。在那一刻，我就是這麼做的，這就是一種在心態上以擊掌鼓舞自己前進的方式。

　　每天我都向自己保證，我的勤奮耕耘會有回報，而某件還看不到的事正在等著我，只要沉住氣並堅持，時候到了就會知道。我越是實踐這種擊掌精神，就越深信不疑。

## 「勵志」是垃圾：人在害怕時就會忘記勵志

　　時間快轉到新書上市 2 週後，我前往洛杉磯，即將上YouTuber 湯姆・比利尤（Tom Bilyeu）的 YouTube 節目《衝擊理論》（*Impact Theory*）。

　　我告訴自己得順利完成這場訪談，等到這場訪談在YouTube 發布，推送給湯姆的幾百萬位粉絲，這時我的書應

該就買得到了。

我應該興奮的、應該感恩湯姆邀請我上他的節目。但你知道當時我的感覺是什麼嗎？我緊張到要拉肚子了。我總覺得有什麼事情會出錯，畢竟在這期間，我做的每件事都出了狀況。當遇到這種情形，要像老鷹鎖定獵物一樣，盯著自己的頭腦，一旦你允許自己擔憂一件事，就會開始擔心起其他事情。就像是乾衣機中的棉絮濾網，過濾出來的棉絮雖微小，卻會累積。

與湯姆的訪談是眼前我唯一的機會，可以避免我 3 年的努力，淪為這輩子工作上最大的失敗。這場勝負的代價實在很高，我站在洗手間，望著鏡子，看見腋下的冷汗沾溼亮紅色的上衣，我嚇呆了。我緊張得面色潮紅，就像狒狒的屁股，就算傾盡絲芙蘭（Sephora）專櫃的粉底也遮不住。

要是那時我懂得擊掌，或是知道這本書裡的其他技巧，我就會搬出來用，給自己一個大大的讚揚。但 4 年前的我在緊張的情況下，仍然只會捏著冷汗撐過去。我開始胡思亂想，想像自己在鏡頭前僵住、忘記要說的話、出糗。

我用衛生紙拍一拍腋下的汗漬，沒用。我往臉上潑冷水，試圖讓紅得像消防車的臉頰消退到自然的紅潤，也沒用。我用盡一切方法試圖讓自己恢復到能見人的樣子。這時

敲門聲打斷了我:「梅爾,大家準備好錄妳的訪談了。」所以,我做了任何世界級的演講人會做的事,注視鏡中的自己,再深呼吸一次,說道:「去收拾妳的爛攤子,梅爾。」做最後一次深呼吸,5、4、3、2、1,我打開門。

在門的另一邊有位拿著寫字板夾的實習生,我跟著她穿梭比利尤漂亮的住宅,來到他們在客廳設置好的談話節目錄製場景。湯姆跟他的太太莉莎既溫厚又優雅,我一見就喜歡,所以我拚命地希望他們也會喜歡我。

「深呼吸,梅爾。深呼吸。」我不時告訴自己。我們等待節目開場的時候,莉莎問我:「打書打得怎樣了?」我有撒謊的衝動,但我忍住了。我笑著說出真相:「比我預料的更困難,我真的很感謝你們的支持。」

然後錄影開始,湯姆跟日後將收看這場訪談的幾百萬粉絲打招呼,介紹本集的來賓。他用一個讓我很不痛快的字眼介紹我 —— 勵志。原文是:「歡迎梅爾・羅賓斯,勵志大師。」

他說的「勵志」,是當你去上飛輪課,教練在課程最後 5 分鐘向你大吼大叫,要你踩快一點,那時你所湧出的衝勁。當你的籃球教練運用中場休息時間,在更衣室發表如電影場景般的喊話:「別哭了!你們剛剛在場上像什麼樣子?

給我滾回場上去打贏比賽！」這時你所感受到的動力。當你在教堂聽了一場改變人生的演講，脖子後面的汗毛全都豎起來時，你所感受到的鼓舞。勵志是有如早餐般的一日動力，大概是卡戴珊一家人\*跳下床時的心情。然而讓我走出那間洗手間的不是勵志，是我逼自己走出來的。

當然，湯姆稱呼我「勵志大師」意在讚美，並非沒弄楚我的資料或捏造事實。如果你上網搜尋我，甚至會看到維基百科頁面寫著我是勵志講師，事實上還是世界最成功的勵志講師。因此湯姆不可能知道，當我聽到「勵志」一詞時我很想吐。

因為在你最需要的時候，勵志從來就不存在，人害怕時，就會忘了勵志。你的身體在拉警報，進入「戰或逃」反應，沒把你的心思送往你該去的地方，反而朝著反方向奔去。

當我站在湯姆和莉莎家的洗手間，望向鏡子，我只看到一個打書失敗的女人，她腋下的汗漬跟餐盤一樣大，臉紅得像狒狒屁股。瞪著腋下的汗漬，我不覺得勵志，往臉上潑冷水，我不覺得勵志。要是我等到自己生出「勵志的感覺」，現在我大概還在那個洗手間，因為悲慘的書籍販售狀況，而

---

\* Kardashians，美國真人實境節目《與卡戴珊一家同行》裡的一家人。

擔心自己拿不出自信。

人生關乎各種大大小小的決策。當你聽到可怕的消息、收到出乎意料的帳單、聽見打擊你的話語、當廠商要回收你整形的植入物<sup>*</sup>、在鼠蹊部發現腫塊，或是你看著鏡子反射的自己，你內心的憂慮全寫在臉上。

在任何情況下，你都得做出決斷，你要繼續站在那裡，放任憂慮吞噬你？還是要反擊，駕馭你的頭腦？當人生把你打趴，你得設法反擊，因為你可以選擇要跟自己說什麼。

當時我大可看著自己的鏡中形象說：「妳慘了。」但我決定說：「去收拾妳的爛攤子。」這效果雖不如擊掌，卻是我最需要的一巴掌。因此儘管我的腋下有汗漬，且內心充滿擔憂，我依舊恢復鎮定並保持冷靜，走出洗手間到拍攝現場。

當湯姆開始細數我的成就，我只想到書的銷量有多慘烈，在那一刻我深深感受到「冒牌者症候群」，覺得自己沒資格待在那裡，因為我不夠好。那滋味就像在國中時被老師叫到，而每個人都在看我，聽我要說什麼？

我心想：這件事是在幫助我迎接未來的驚奇好事，現

---

<sup>*</sup> 合法上市的植入物如果日後發現會導致病變，廠商便會向使用者回收。

在做自己就好。我走進拍攝場景，擁抱湯姆，然後他稱呼我「勵志大師」，我聽到這個頭銜就笑了，我以一句話回應他，結果這改變了我的事業：

勵志完全是垃圾！

湯姆傾身：「為什麼說是垃圾？」然後我就開講了，明確說出我認為千千萬萬人都傷透腦筋的困擾：

在某個時候，我們都相信了一個謊言，以為要等自己準備好了才能改變，你認為自己缺少的是動機。那不是真的，不是我們頭腦的設定。其實人類天生的設定，本來就不是去做自己會覺得不舒服、害怕、困難的事。大腦的設計，是保護我們不受外在事物的傷害，因為大腦在努力保住我們的性命。而為了締造重要的改變，比如：創業、成為最棒的家長或最優質的配偶、做你這輩子想做的所有事情、在職場發揮，逐夢踏實等，要達成這些目標，你一定需要做困難的事、不確定的事、可怕的事，以致我們所有人都有這個問題：你永遠不會有想做那些事的動力。勵志是垃圾。

## 你的真心話比別人想聽的話更有吸引力

**你真正的看法比你認為別人想聽的話更有吸引力。**我們的訪談，成為他的節目中最受歡迎的一集，幾個月的瀏覽人次就超過 1,000 萬，還有人把我做成一張迷因圖，標題是「這女人拆穿了勵志是垃圾」，節目影片就此爆紅，瀏覽人次突破 2,000 萬。而就我所知，沒人注意到我腋窩的汗漬痕跡。

因為這支瘋傳的影片，我錄了另一場訪談，然後又接下一場。接著，播客製作人打電話來，我對邀約來者不拒。

即使我有了新的宣傳機會，但由於書很難買到，銷售量一直欲振乏力，然而我時時刻刻緊盯著自己的頭腦，當我察覺自己的情緒低落，我就會告訴自己事出必有因，繼續努力。

幸好我努力不懈，因為不可思議的好事真的發生了。

即便亞馬遜網站顯示著「沒有庫存」，但我完全沒想到大家仍然買得到有聲書。有聲書也是自費出版，是我自己錄製的，我們根本什麼都不懂，一口氣錄完音，將所有的雜音都錄進去（翻動紙張、筆掉了、吞了一口水等），畢竟我沒概念。我丈夫將錄音檔上載到 Audible 有聲書店，而我截下《五秒法則》的書封畫面，上載充當有聲書的封面照。結

果，因為那是唯一買得到的版本，《五秒法則》有聲書銷售
的速度，賣得比疫情期間的衛生紙更快。

我原本不曉得有這回事，直到大約一個月後，我收
到 Audible 的電子郵件，信件主旨是「您的每月報告出來
了」。當我點開報告，我差點從車子上摔出去。銷量一飛衝
天，在 Audible 還有幾千篇 5 顆星的讀者書評。我的第一個
念頭：也許我們終於可以還完貸款，解除抵押房子的狀態
了；第二個念頭：天啊，有聲書？

對於這一部有聲書，讀者喜愛的亮點之一，便是未經編
輯處理的聲音，聽起來彷彿就坐在你的身邊。

我說出這件事，是想要讓你明白：**犯的每一個「錯」都
會成為無價的教訓，而且是走向成功的祕訣。**有近一個月的
時間，我一直跟自己說我很失敗（這樣只會讓大腦濾網給你
看見更多證據，證明你應該這樣想），但是「美好的事情已
經在蘊釀了，只是現在還看不出來」，這句話給了我擊掌精
神，告訴我要努力不懈。

而諷刺的是，當初精裝書要是真的順利開放訂單，讓
大家都買得到，我在 Audible 絕不會有壓倒性的銷量，並使
《五秒法則》成為 Audible 2017 年度，所有有聲書中，最
暢銷（最多人聽）的一部。最後，亞馬遜搞定了他們的演算

法，精裝書開放販售，結果榮獲亞馬遜年度最多人閱讀的書第 5 名。

我還要你知道另一件事。

儘管這本書轟動世界，印上數百萬冊，得到超過 10 萬個 5 星書評，《五秒法則》不曾登上傳統的暢銷書榜。這證明了我對目標與夢想深信不疑的一件事：夢想存在的目的，是為了提供推動你前進的燃料，並且給你一張地圖指出方向。夢想不見得會帶你抵達想像中的目的地，但終點線不是重點，就如同登上暢銷書榜是我的夢想，也是我的動力來源，但實現它並不是這個夢想的目的。

當你能夠信任自己的血汗會帶你到某個地方，你會在生命中開創奇蹟。有時，你創造的奇蹟甚至不是你想像中的奇蹟，就像我的例子。我沒有實現成為《紐約時報》暢銷作者的夢想，然而比那更美妙的事情發生了，我學會了不放棄的重要性，我學會了身為作者的嶄新營業模式，還促成了未來我與 Audible 的夥伴關係，短短兩年製作了 4 部新的有聲書。這是我以前未知的領域，全都是因為我追逐一個不曾圓滿的夢想，才會有這些收穫。

## 繼續努力前行，找到你的精采結局

如果你相信自己的能力，鼓勵自己持續前進，人生會帶你到不得了的地方。人生雖然不時會考驗你，但如果你捨棄夢想一定要在何時實現的時間表，每天到鏡子前，拾起擊掌精神，你終究會抵達該去的地方。如果最終你沒有實現追求的目標，那是因為你不該走那條路，而人生準備了更棒的東西要給你，一定要相信這一點！

你的人生總是在教導你某些道理，向來如此，用每一件事教導你。我說真的，你遭遇的每一件事，都在讓你準備好迎接後續的事。每天早晨給鏡中人的擊掌，就是在訓練你信任。畢竟你還在呼吸，就還有時間。因此，繼續前進吧！

# 第 13 章
# 驟變令人不安，
# 靠擊掌讓自己心安

　　鳥事總是會在不經意時發生。你從沒料到會出事，也覺得壞事不會落到你的頭上，但現在你仍是陷入困境之中。這個念頭便一再出現：我怎麼會遇到這種事？我應付不來。

　　水深火熱的獨角戲，甚至在你起床之前就開演了：

　　「這實在太沉重，要壓垮我了。」

　　「我從來沒有想要這樣。」

　　「要是再出事，你就得把我送去麻州綜合醫院（Mass General）7 樓的住院病房了……」

　　「我今天實在沒辦法帶小孩……」

　　「關掉新聞，我受不了了！」

　　「我連自己是誰都不知道了……」

　　「我以為我遵守了所有的規矩，做了所有正確的事。」

　　「看到小孩的老師寄來的電子郵件，我能不哭嗎？」

「天啊，怎麼又落入這種處境？我要崩潰了。」

　　當你的生活翻天覆地時，必須注視鏡中的自己，並且是認真地注視，然後說：「我知道你嚇壞了，而我知道你做得到。」這種真心實意的話語與柔情，是你在忐忑不安時最深切的渴望。害怕是正常的，但你在感到害怕之後做了什麼才是關鍵。你可以一邊恐懼自己滿盤皆輸，但依然奮力一搏，你可以一邊驚恐，卻依然保有信心，相信自己有面對現實的能力，你可以感受到千斤重擔壓在肩膀，仍然抬頭挺胸。


## 劇變帶來的不安

　　近兩年疫情肆虐全球，我相信你清楚地記得，你是怎麼意識到新冠肺炎即將改變你的生活。也許是一封公務電子郵件，說要關閉辦公室採居家辦公，也許你的城市清靜得很詭異，或許是你祖母住的安養院謝絕訪客，或是你為了孩子們回家跟隔離檢疫的事情，扯開嗓門大吵一架（還是只有我這樣）。

　　我清楚記得，新冠肺炎在某個星期三顛覆了我的生活。

當時我在紐約市錄製談話節目，CBS 電視網打電話通知，在大樓裡發現了病毒，要我們立刻離開。事出突然，我甚至來不及跟共事 10 個月的 135 位談話節目團隊道別。我離開攝影棚，看見幾輛消防車停在外面。

在紐約 57 街對面，團隊的其他人員正從辦公大樓撤離，《六十分鐘》（*60 Minutes*）、《約翰·奧利佛的上週今夜秀》（*Last Week Tonight with John Oliver*）、《娛樂今宵》（*Entertainment Tonight*）等節目的製作人員也撤出大樓。當我跳上車，駛上西城公路（West Side Highway）返回波士頓的家，我心想：剛剛出了什麼事？

像這樣突如其來的劇變，總是會為你的人生畫出分水嶺，有了事前與事後之別，人生從此不一樣。如果你的健康拉過驚心動魄的警報、心愛之人驟逝或出軌、夢幻工作開除了你，或是有人指控你做了你壓根沒做過的壞事，此時你的人生會裂成兩半。

以前的生活、事業或人際關係報銷，以前的那個你也隨之而逝。突然間，你發現自己置身在未知且全新的處境。這些事我這輩子通通經歷過，然而當疫情來臨時，卻還是感覺一切亂了套。

　　我只想要生活恢復原狀。

　　變局必然挾帶著成長的機會，只是你得選擇從這樣的角度，看待生命中的挑戰或痛苦經歷。有一句我很愛的話：**新生活的代價是你的舊生活**。儘管這句話深得我心，隨手就能張貼在社群媒體上激勵眾人，但在發生變化的當下，卻不容易接受這種想法。我老實告訴你，儘管我很積極正向、自信和樂觀，但是當鳥事來臨時，我不想要新生活，只要舊生活回來。

　　我原本覺得自己在世界的巔峰，主持著電視節目，然而卻一頭撞上厚牆，前後只需要幾分鐘，從巔峰跌落谷底就是這麼快。

　　相信疫情初來時，每個人都有相同的心路歷程，疫情激發了所有人的恐懼，我們害怕死亡、失業、孤單、失去心愛的人。

　　對我來說，疫情把我剛調適好的昔日恐懼全都激發出來，擔憂收入又會直線下跌。先是節目取消（代表我被解聘），接著，我其餘的事業也受到影響：原訂的演講邀約一個個告吹；你手上這本書的出版商跟我解約，代表我被開除了，也表示我得歸還他們支付的預付金（那筆錢早就沒了）。

# 面對人生挑戰，更需要照顧自己的情感需求

當陳年的恐懼被激發時，人會本能地開始重複過去的思考模式。當我覺得自己被困住了、無能為力，焦慮來勢洶洶淹沒我，這時我只能拿起酒麻痺頭腦，對我丈夫嘮嘮叨叨（因為全球疫情顯然是他的錯）。

我在這段期間需要的是鼓勵，需要有人告訴我：「會沒事的。」我需要聽到真相：「我有穿越挑戰的經驗，雖然這一回的挑戰不簡單，但一定會平安無事的，只要面對挑戰，就可以打造更好的我，而我的人生會更有意義。」

但我51歲了，我不想再一次重新打造自己。回想過去的各種經歷，我很嘔。你知道我重建人生多少次了嗎？離婚、車禍、經濟衰退、親人亡故、病情診斷、出乎意料的帳單……。我相信你一定多多少少能夠感同身受，這些都不是你想要的。當然，疫情也絕對不是你自找的。

每天早晨，我都在高度的恐懼中醒來。我的胃空空的、心怦怦跳，焦慮浪潮會從足踝向上一路席捲到胸腔。等我清醒後，焦慮便已牢牢抓住我。

以前，我不能躺在床上瞪著天花板，我有必須下床的理由、有必須去的地方，還有需要我的人。

但疫情期間就不一樣了，我無事可做。不必開車去辦公、沒有要趕的飛機、孩子們不用上課，沒有一間咖啡廳營業讓我跟朋友聊是非，也沒有任何待辦事項，健身房沒有營業。我沒有逃跑的去處，我只能與不舒服的所有感受共處。

以前，我安撫自己的方式只有兩種：投入我一日的事務，或是去找克里斯（有他在，我就有安全感）。

在疫情期間，我從起床，就因前途茫茫而憂慮得要命，但克里斯卻完全相反，疫情使所有人的生活都暫停了，他反而活得有滋有味，沒有去操心不受他控制的事，而是加倍操練讓他感到內心踏實與滿足的習慣。他早早起床，優先照顧自己、冥想、健行和寫日誌。他在做我們都需要做的事：**照顧自己最深的情感需求。**

因此當我在驚慌失措中醒來，我的兩種調適機制都不在了，我無處可逃，沒有能夠依附的對象，不得不找出自我救濟的方法。所以我躺在床上，靜靜地跟自己說我希望從克里斯那聽來的話。

這時，我跟自己的心擊掌。

做法是這樣的：做個深呼吸，閉上眼睛，將雙手放在

心口上，告訴自己：「我平安無事、我很安全、我是被愛的。」

有些早晨，我會躺在被窩裡，一遍又一遍地跟自己複誦這 3 句話。不知怎麼地，這舒心的話語會安撫我的神經、平息焦慮、解決緊張感。即使我們面對全球疫情，看見不斷更新的恐怖新聞，或令人精神受創的種族不公事件，沒人知道這場苦難會持續多久。但在那一刻，我只相信，我對自己說的話是真的：**我平安無事、我很安全、我是被愛的。**

> ✗ 目前的限制性信念：我應付不來。
>
> ✓ 翻轉：我平安無事、我很安全、我是被愛的。

# 讓自己身心平靜的有效方法

明天早晨，試試將手放在心口上，做個深呼吸，和自己說：「我平安無事、我很安全、我是被愛的。」需要聽幾遍就重複幾遍，感受流入心靈與頭腦的輕鬆。你會覺得身體安定下來，也會覺得跟自己更有連結，還會覺得自己真的平安無事、很安全且被愛，即使你是第一次做。

或許你會需要說十幾次或上百次，也或許你得在誦念時深深吐氣以獲得更多勇氣，都沒關係，你需要聽幾遍就說幾遍。這習慣會為你注入安詳與篤定的感受。每天早晨持續練習，安撫你疲憊的神經系統，重新訓練它平靜下來、放輕鬆。其實你正慢慢地教導身體什麼是安全的感覺。

在狀態不佳的早晨，當你覺得心跳飛快、恐懼滿溢，只要複誦「我平安無事、我很安全、我是被愛的」，可以暫時打斷你的負面思維。持續複誦，便能粉碎思緒向下墜落的趨勢。當你的心平靜下來，提振精神的機會就來了，這時你要專注在正向的話語上。如果不曉得要說什麼，請見第 7 章，挑選最喜愛的真言吧！

# 善用客觀的力量：用第三人稱跟自己說話

如果要讓這個習慣更上一層樓，可以喊出名字，像是：「梅爾，妳平安無事。梅爾，妳很安全。梅爾，妳是被愛的。」這樣做便能更加深入你心。

有兩個原因：

1. 腦中的警衛一定會聽見你的名字，它會通報大腦關注這句撫慰心靈的真言。
2. 那個在跟你說話的聲音，能被你從「自己」之中抽離，彷彿有人在告訴你：「會平安無事的，你很好而且是被愛的。」會使內心深處感到特別安慰，就像看見鏡中的自己，意識到你不孤單。你還有你自己！

用第三人稱跟自己說話，是運用到心理學的概念，稱為「客觀的力量」。意指從比較客觀的角度（即呼喚自己的名字或注視鏡中自己）來看自己，即使是在高壓的情境中，你也更能夠應付負面的情緒。

**調校心態**

感受只是來來去去的浪潮。

這個習慣能教會你在情緒浪潮中衝浪，不讓浪潮打倒你。如今，我明白自己在過去多年裡做錯的地方。以前當我起床，只要感覺到擔憂與焦慮的浪潮來襲，我會立刻抗拒它、反抗它，我討厭自己有那些情緒。

每晚就寢，我會提心吊膽地想：隔天起床又要感受那些情緒。猜猜這是在幹麼？這些想法和舉動，是在教導我的頭腦和身體召喚那些情緒。當我抗拒或嫌棄那些情緒，就等於是專注在情緒上，提升情緒的地位。我其實一直在教導大腦濾網跟神經系統，讓我持續在痛苦的狀態中起床。

因此我運用這項工具重新駕馭自己。當然，有時我仍會緊張不安的起床，但我不怕了，因為我很清楚如何平息情緒。

若你一起床就渾身舒暢，這樣一個美好的早晨，照樣要將雙手放在心口上，因為你會愛上那種感覺，就像是你最喜愛的人在擁抱你，會加強你的生命力。

其實不必只在起床時這樣做，任何時候，當情緒的浪潮來了，你需要安撫的時候都適用。昨天我在雜貨店，一波焦慮來襲，我便用這個方法平復焦慮。

## 面對心理創傷的勇氣

為我拍攝照片的攝影師珍妮・莫洛尼（Jenny Moloney），在我為這一份書稿做最後的校閱時，傳了簡訊給我。她搭上前往洛杉磯的班機，已啟航 15 分，這時艙壓出了問題，飛機開始急速下降，空服員沿著走道，從飛機後方跑出來，請乘客扣上安全帶。在飛機折返波士頓的途中，他們演練了緊急迫降的防撞姿勢（把頭部埋在膝蓋之間）。飛機安全降落波士頓，但這時輪胎起火，跑道上滿是先遣急救人員。

她說：「我這輩子沒有這麼驚恐過，但妳想知道我怎麼撐過整場磨難，並安全、冷靜地在 2 小時後，搭上另一班飛機嗎？」

> 謝啦，我用了妳教我的真言，
> 還把手放在心口上。

**「我平安無事、我很好、我是被愛的」**這 3 句話太神了。只要你活著，就可以跟自己說這些話，告訴自己在此刻，你很安全、你平安無事、你是被愛的。

瑪麗雅（Maria）偶然在一支影片中，看到我提及在早晨使用真言一事，她便開始執行，每天與心擊掌。瑪麗雅告訴我，由於過去的精神創傷，她每天早晨都跟我一樣，是在焦慮中醒來，而且她總是會覺得「有人在生氣」。

她很驚豔開始這樣做第一個早晨，日常生活就大不相同。她說：「焦慮感有時很強烈，即使已經開始一天的例行公事，那種感覺都還在身體裡面，一直都在腦中。」

她接著說：「但是只要簡單地將手放在心口說：『我平安無事、我很安全、我是被愛的。』情勢就翻轉了，真的太棒了。從我開始執行這做法，焦慮的感覺便不再持續一整天。第一天嘗試的早晨就很有效果了。雖然我依然會有短暫的焦慮，但不會整天泡在焦慮裡了。」

撰寫本書時，我聽了許多類似的故事，事主多是像瑪麗

雅這類的人，我赫然察覺，我時常一早起床就焦慮的原因之一，是來自孩提時代的恐怖遭遇。我去別人家玩，並且在人家家裡過夜，一個年紀較大的孩子對我毛手毛腳。事發當時我睡得很沉，是最沒有防備的時刻。

前面我常說的「被人生擺了一道」就是這個意思。我們所有人都被人生擺了一道，只是方式不一。有時，我們埋葬記憶，是因為那件事太駭人、太痛苦、太費解、太丟臉，無法面對。但即使往事被埋葬了，依舊會傷害你的身、心、靈。

我的童年創傷造成了「創傷反應」，並且記錄在我的神經系統中。即使我成年了，身體仍然記得小時候在半夜醒來的感覺，明知道自己遇到了壞事，卻不知道如何阻止，甚至不知道該作何反應。這樣的身體記憶仍然在整個神經系統迴盪，因此 40 年後，我醒來時覺得提心吊膽、恐懼、驚慌、困惑與羞恥。

長大成年，我早晨睜開眼睛的第一個念頭是：出事了。通常是指「我做錯了」或「有人在生我的氣」。於是低潮帶著我墜落，越掉越低。記得前面我說，那種感覺始於足踝，一直席捲到胸口嗎？那「感覺」就是我身體所記憶的童年創傷。

我不能用正向思考改變這件事；我不能只靠著思維療

癒創傷。我需要改變預設的行動反應（感到焦慮），清除神經系統裡的殘餘印記。我經歷的創傷不是我的錯，而我對創傷的潛意識反應，即使事隔 40 年之久，也不是我自主的行為，清除創傷帶來的影響卻是我的責任。如果我要追求擊掌的人生，就表示我得找到面對創傷的勇氣。而每天早晨跟我的心擊掌，是對我來說效果顯著的一種做法。

## 啟動「休息與放鬆」的神經系統

在每天早晨一開始，不僅要對著鏡子擊掌，還要與你的心擊掌，這是有原因的。研究顯示想要改變任何事，撫平焦慮、安定神經系統是首要任務。這是茱蒂‧維莉絲博士告訴我的，就是在第 2 章介紹過的神經科學家。

如果你處於壓力沉重的狀態，大腦會切換到求生模式，不會允許任何資訊進入處理高階工作的部位，也就是人們學習新技能、建立新記憶的部位。反之，它只會讓你看見身邊的各種威脅，所以壓力與焦慮就會感覺像是把人壓在床上的

重力毯。*

　　唯一真正有效的做法，是安撫好你焦慮的身體。想著你害怕的所有事，只會強化你現有的感覺，而魂不守舍地投入日常事務，不過是拖著焦慮感行動。

　　好消息是，關閉身體的壓力反應很簡單，只要把手放在心口上，跟你的心擊掌，這會讓你的身體慢下來，啟動人體「休息與放鬆」的神經系統。

　　有一個詞可以解釋，人為什麼可以隨時開啟這種強而有力的鎮靜狀態：**迷走神經**。

　　迷走神經是身體最長的神經，將大腦連結到其餘的器官，傳遞疼痛、碰觸、溫度等等資訊，甚至控制喉嚨與聲帶的肌肉。它也允許大腦釋出會讓人感覺愉悅的多巴胺，會讓你的心情更放鬆、平靜。

　　活化迷走神經很簡單，只要跟你的心擊掌就行了。你也可以用以下任何一種方法啟動它：

---

* 也稱擁抱毯。以玻璃砂之類的材料增加被子的重量，摸擬擁抱的感覺。

✓ 深緩的呼吸
✓ 出門散步（尤其是在大自然中）
✓ 冥想
✓ 哼歌或吟唱
✓ 咕嚕咕嚕地漱口
✓ 引吭高歌
✓ 泡熱水澡或洗冷水澡

　　將手放在心口上讓自己鎮靜下來，然後告訴自己：沒事的、很安全、被愛。用這種方式重新設定大腦之所以有效，就是因為有迷走神經的存在。你在告訴身體你很安全、你沒有緊張，大腦濾網很樂於接受這些話語。如此一來，它就會明白安全感、平安無事對你很重要。

　　你越是跟自己說你需要且想聽的話，就越快喚醒並感受到那種感覺。因此改變你給自己的說詞，再加上與你的心擊掌，將會活化迷走神經，協助你重新訓練身體的反應，從覺得前途未卜或焦慮，轉變為能夠自信昂揚地做自己。

它會改變你。

你或許會想：老天，梅爾‧羅賓斯，我們是在談過去的創傷，妳就只是叫我把雙手放在心口上，妳傻了嗎？

「將雙手放在心口上，將會改變你生活的處境」，我跟你說的這句話，或許聽起來有些冒犯。其實不是，我沒有那種意思。

**跟你的心擊掌會改變你**。當你改變了，就可以改變生活的情況。一旦你學會如何讓身體進入穩定、平靜的狀態，便可以為過去的創傷展開療癒。

如果你認為自己的問題涉及了身體的創傷記憶，我也建議你盡量學習相關的知識，並接受治療。在恢復自己的整體性與完整性的療癒旅程中，你值得擁有別人的支援。

有很多治療方式可以有效治療心理創傷，協助你調節神經系統，包括眼動身心重建法（eye movement desensitization and reprocessing, EMDR）和新的致幻藥物引導治療（psychedelic guided therapies），後者仍在臨床試驗階段，必須等待食品藥物管理局（FDA）的核可，成效也很顯著。兩者我都做過，都改變了我的生活。

我的分享都建立在堅實的科學研究基礎上，是效果宏

大的簡單祕訣。因此如果你察覺自己很抗拒照鏡子，不想跟鏡中的自己擊掌，也不想把雙手疊放在心口上，讓身體慢下來，這些跡象都表示，你真的很需要這些練習。

真正的信心，是告訴自己會平安無事，很安全且被愛，並用盡全心全力相信這是事實。當你做到這一點，你會明白不管世界怎麼變，不管你的家、你的工作、你的課堂發生什麼事，**生命中總有一個可以信任的人，那就是你**。你可以幫助自己療癒過去的創傷，可以讓身體鎮靜下來，重設心智，讓心靈自由高飛。這正是賦權（empowerment）的定義，代表你知道每天起床，你都可以做自己的後盾，兵來將擋。

# 第 14 章
# 你想得到的都能得到

　　我原本打算把這章稱為「如何顯化自信」，但我想，如果看到章名有「顯化」二字，你可能會這樣想：

　　天啊！梅爾要講玄學了。她現在要施展哈利·波特的魔法。擺出水晶、抽出塔羅牌，我敢打賭她會在開頭 5 句話之內提到「奇蹟」這個詞。

　　這麼想也不算錯啦。

　　但我要提高這個主題的層次，不會用到焚香、豐盛祈禱*或魔法杖。你知道的，我講究科學，所以別擔心，這章雖然確實涉及了你猜想的範疇，但立論依據是來自於科學證實。當你能夠熟練地控制大腦濾網，並且能夠鼓舞自己前進，你就可以運用這些技巧，吸引魔法奇蹟。

---

\* 讓心態變得富足的一種祈禱方式，內容多為正向積極的宣言。

這不適合膽小鬼，但如果你想要在人生中締造會令你起雞皮疙瘩的改變，就得談談信念的威力。我要你鼓勵自己繼續相信不可能的事。當我開始那樣做，人生便出現了不可思議的轉變，而看了我的親身經歷，你會明白為什麼信念如此重要。基於科學，我們會深入了解觀想*的學術研究，讓你懂得如何讓大腦濾網順暢運轉，彷彿仔細上過油的機器般，協助你得到此刻看似不可能的事物。

我會向你證明，你的心智會暗中幫忙布局，實現你的願望，只是你必須願意相信它。


## 允許自己有資格得到想要的事物

事情發生在我大學四年級的時候，我父母來看我。那天晚上，我們盛裝打扮，開車到佛蒙特一間知名的吹製玻璃工作室，叫「賽門皮爾斯製造所」（The Mill at Simon Pearce），裡面有一間一流的餐廳，我的室友推薦我點切達起司湯，說：「不可思議。」我滿腦子想著那道湯品，期待

---

* 集中精神去想像一件事物。

地走進餐廳，這時我看到牆壁上有一幅巨大的風景畫，約有一扇橫放的門那樣大，我停下腳步，盯著它。那幅畫洋溢著某種熟悉的感覺，看得我如痴如醉。

我走向它，餐廳的嘈雜聲似乎消失了，周遭的一切突然靜下來。我漸漸接近那幅畫，說也奇怪，我似乎走進畫裡面。我意識到那是一幅佛蒙特的風景畫，畫中有一大片淡色的原野、高高的青草，一叢樹木排列在原野中央，越接近聳立的山就越矮小，上方是佛蒙特多雲的淡青色天空。我幾乎可以從畫中感覺到微風，可以嗅到草剛割下不久的甜香，也可以聽見雁群列隊從上空飛過，鳴叫宣告著牠們來了。此刻我已經不在餐廳，而是佇立在那片原野上。我的五感全都興奮不已，身、心、靈完美聚焦在一件東西上 —— 那幅畫。

那不僅僅是興奮，還有一份渴望、一種知曉、一種連結，我似乎觸及某種無法言喻的事物。我對購買藝術品沒什麼興趣，但是在那一刻，我想要那幅畫。你是否曾經也有這樣的經驗，被無法解釋的渴望浪潮擊中，你就是知道某物、某地、某人是你的命中注定，感官因此活躍起來，頭腦專注，心被填滿。你全然處於當下的那一刻，掌握著自己的力量，這就是擊掌能量。

在幾年後，我又經歷了一次相同的感覺，就是邂逅我

的丈夫克里斯。當時我在紐約市一間酒吧，點了一杯波本威士忌加冰塊，而我聽到從背後傳來的聲音，說：「聽起來不錯，我也要一杯。」我轉過身，他就在那裡，酒吧裡的音樂與嘈雜不見了。我們聊了起來，彷彿已經相識千年之久。3 天後，他便向我求婚。

幾年後，我們開車經過波士頓城郊的一棟廢棄農舍，我又感受到一模一樣的渴望浪潮，我叫克里斯停車。那間房子的窗戶破了，草坪的草大概有 30 公分高，看來只有鬼魂住在那裡。但說不上為什麼，我就是想買下那間房子。我們透過遺囑檢驗法庭（probate court）追查到權狀，得知這屋子不曾招售，就從已逝的屋主名下買下這棟房子，養兒育女 24 年。

那些時刻，都是我這輩子腦子沒打結的實證。我的心智是敞開的，知道自己要什麼，不論我為什麼想要，我允許自己相信我可以擁有這些事物。

准許自己相信有能力、有資格得到想要的事物，是非常有力量的。這會引起大腦的注意，立刻調整濾網來協助你如願以償。

## 聽到內心深處的聲音

我不知道我站在那裡，凝視那幅畫多久。一位服務生打翻了托盤，玻璃杯碎落一地，碎裂聲像一條橡皮筋似地，把我拉回身體裡。在那一刻，在我的內心深處，我聽到自己說：

「有朝一日，我會擁有這幅畫。」

我傾身去看價格。3,000 美元。今天不能買。

我呼出一口氣，緩緩從畫前退開。餐廳繁忙的嘈雜聲與能量圍攏過來，但我的心智保持敞開。我告訴自己：「我會再來的。」之後轉身走到我父母坐著的桌位。我媽問我剛剛去哪了，我說：「我在看那幅畫。」我媽抬頭望向那幅畫，然後移回視線看菜單。

渴望是極其個人的感受，這是渴望的一個重要特質，是專屬於你的命中注定，不是別人的，會吸引你的事物是為你而準備的。因此，努力取得那些事物是你的責任！一旦你鎖定某件事物，它就與你同在，就像你整理在書架上的日記本般，它會歸檔到你的潛意識裡，等候你再度想起的那一刻。

如果某件事物不是命中注定，你會感受到完全相反的

能量，不會被拉向它，反而會覺得自己被推開，彷彿內心在
畏縮。

## 擁有未竟之事，讓你有能力開創奇蹟

我在畢業前的春天，跟朋友借了車，又去一次那間餐
廳，我想要再看一次那幅畫。如果說人可以跟物品談戀愛，
我想，我跟那幅畫已經陷入愛河了。我不會說是迷戀，那
比較像是在我的內心開啟了可能性，使我發現我擁有未竟
之事*（unfinished business）。尼可拉斯・史派克（Nicholas
Sparks）†那時還沒寫過半本浪漫小說，但那幅畫美的彷彿是
浪漫小說中的一個場景。

不出一個月，我便要離開這個地方，展開畢業後的新
生活。我坐在距離那幅畫不遠的一個桌位吃午餐。我想像
著：有朝一日，我會把它懸掛在我家的廚房，那幅畫會是我
的。我很肯定這是事實，就像我能確定自己可以喝完切達起

---

* 心理學名詞，指想做而未做到、想完成卻未完成的事物。
† 美國作家，有許多部浪漫愛情小說拍攝成電影，包括《手札情緣》（The
Notebook）。

司湯。

當我回想那個 21 歲的我，在一幅買不起的畫旁邊吃午餐，真的很莫名其妙。我既不是主修藝術，也不是畫家，只是一名囊空如洗的大學生。就算我真的有 3,000 美元，我絕對不會拿來買畫，否則爸媽會宰了我。況且，我也沒空間可以掛那種尺寸的作品。當時我即將跟隨男友到華盛頓特區展開新生活，甚至連工作都沒有。

我無法向你解釋為什麼會遇上這種事，但我會這樣想，這件事之所以發生，是因為我該在這本書中與你分享這段往事，而這幅畫便證明了，當你准許自己去追求重視及渴望的事物時，你是有能力可以開創奇蹟的。要是我的心態塞滿負面的思維，用膝蓋想都想得到這故事會如何發展。我便會跟自己說：「你買不起啦，這是在浪費時間。你究竟在這裡幹麼？」

而這些負面的想法會引發負面的行動，使我絕不會再踏進那間餐廳。

## 去圓夢或被夢想糾纏

　　有意思的來了。還記得前面提到的腦中活化系統嗎？如果你跟頭腦說某件事情對你很重要，就像給大腦下達一整套的指令，也因此你絕不會忘記夢寐以求的事物，頭腦不容許你遺忘。祕訣在於保持開放的態度，接受你的願望說不定會實現。

　　這個經驗是開啟我頭腦中開關的契機。我帶著無聲的決心離開了餐廳，這時我的心有一種安靜的篤定感，萌生出豪情壯志，而這個想法澆灌了我的信心。我從骨子裡知道有一天我會得到那幅畫 —— 我只允許頭腦抱持這個想法。

　　果然，我從沒忘記「有一天我會得到畫」這件事。這就是我一直跟你說的心理編碼，稱為「柴嘉尼效應」。在第10章有提到，當你刻意觀想你覺得重要的事物，大腦會記錄下來，納入心智的檢查清單，貼上「這很重要」的標籤，儲存在潛意識裡（是不是愛死了這個機能）。

　　這表示你的夢想或目標，永遠都是駐留在背景的「未竟之事」，而頭腦會逮住每一次機會提醒你。大腦濾網會掃描世界，將提示推送到你的意識心智。

　　即使你告訴自己「太遲了」，目標和夢想照樣會在腦

中揮之不去。所以愛爾瓦多總是想著到加州追求演員夢,而我總是想要成為《紐約時報》暢銷書榜作者,有人想要紅色Acura,便只會看到這種車。或許你寧可忘掉,但多虧了柴嘉尼效應,你的頭腦忘不了。對於夢想,你有兩個選擇:去圓夢或是被夢想糾纏。

在我的生活中,我時常感受到柴嘉尼效應的存在。當我聽到有人說了「佛蒙特」一詞,或是看到手工吹製的玻璃工藝品,腦中的警衛便會讓這項資訊進入我的意識心智。

而當我想到那幅畫,便會想一想要採取哪些步驟,才能讓自己成為那幅畫的主人:

我看見自己努力工作,年紀變大一些,挪出一部分錢存起來當購畫基金。我看見桌子抽屜裡放著裝現金的信封,那是我存下來的購畫基金。我想像終於買到畫的興奮之情,感受它的前任主人跟我握手時的手勁。我甚至感受到當畫變成我的,我臉上綻出燦爛的笑容,臉頰都繃緊了。我看到掛鉤被釘到牆壁上,可以感覺到有人幫忙我抬起這幅巨大的畫作,穩穩地掛在牆上,這畫很重,所以我們七手八腳才把畫掛上……

## 正確觀想助你圓夢

我便是在運用觀想，將那幅畫帶到我身邊，只是我當時並不知情。根據科學原理，你對顯化的信心與觀想可以改變大腦濾網，但只有做法正確才會見效。幸好，我歪打正著，想像自己要採取哪些步驟來得到那幅畫。請聽我娓娓道來。

大部分人的顯化不得其法，是因為他們試圖觀想、變出最後的結果，比如：贏得滑雪比賽或奧斯卡、減掉 20 公斤的體重、在銀行有 100 萬美元的存款……。方法錯誤的顯化，會讓你一直卡住。夢想很美妙、很遠大，你一定想要實現，但試圖顯化最終成果不能幫助你達成目標，用正確的方法才能幫助你圓夢，推動你去做該做的事。

神經科學的研究已經證實，觀想會讓人更願意為了目標與夢想去行動，因為觀想會改變大腦濾網，它會找出所有機會，符合你建立在腦海的畫面。而加州大學洛杉磯分校（UCLA）的研究顯示，要讓觀想真正發揮實質效益，幫助你實現目標，就得**觀想在實現夢想的路上，一一執行那些辛苦和惱人的步驟**。

根據腦部掃描，觀想自己在做什麼事情時，大腦受到刺激的區域，與實際執行時是一致的。因此，你可以在心裡預

演未來的行動。觀想行動，會讓你更可能貫徹始終。

記住，是我們的行動帶來成果，要能充滿自信地顯化，就表示你得想像自己一步一腳印地完成所有步驟，而不能只沉浸在抵達終點線的勝利光輝中。

觀想是讓你的神經系統與腦中濾網準備採取行動。當你觀想需要執行的行動，便是**讓你的身心適應那些感受，同時告訴大腦，辛勤耕耘很重要**。

## 想像採取每一步的實際感受

如果你要顯化跑波士頓馬拉松的盛大夢想，你要每天都寫下這個夢想。但要真正實現，不要觀想你跑過終點線和群眾如雷的掌聲，而是觀想你在 10°C 的天氣裡繫好跑鞋的鞋帶，想像你的藍芽耳機剛好沒電了，所以孤單地跑了一半的路程，在這路途中你有什麼感覺。再試想你的鬧鐘在清晨 5:00 響起，身體會有的感覺。你精疲力竭，而你看向窗外，外面下著傾盆大雨，然後感受你在雨中跑步。

如果你的夢想是經營一間 1 個月進帳 6 位數的公司，不

要觀想款項進帳。而是觀想在孩子們都入睡的三更半夜，你雖然疲累不堪，卻寫著部落格文章。閉著眼睛去感受，以你的一切去感受。你一次又一次地打了行銷電話，而對方拒絕你並掛掉電話。接著你看見自己再次拿起電話，撥出下一組號碼。

如果你的夢想是得到恩愛、健康的感情，擁有超乎想像的甜蜜生活，你要觀想自己在製作交友資料檔案，過去還經歷過幾場不愉快的約會。觀想你因創傷做心理治療的感覺，觀想你在做療癒自己的辛苦功課，一步一步脫離過去的挫折和傷害，擺脫「共依附」（codependent）*的模式，避免再跟以前一樣，因為依附而陷入惡劣的感情關係中。

這就是實現不可思議遠大夢想的方法。等你真正遇到類似的狀況，時候到了，你早已準備就緒。

比如說：到了練習跑馬拉松的那一天，在清晨 5:00 起床，氣溫是 10℃，而你注視著浴室鏡子裡的自己，你不會勸退自己，因為你早已觀想過了，也跟頭腦溝通過這一

---

* 指雙方互相依賴，並對彼此造成負面影響的病態人際關係，例如：肥胖症患者的家屬可能會無限量地供應飲食給患者，明知道這樣做是不對的，卻停不下來。

刻了。你會向鏡中的自己抬起手:「做好準備,馬拉松。10°C。我做得到,走吧!」

如果你跟我一樣想要顯化一幅畫呢?複製我的做法就好:想像你努力工作,賺取買畫的資金,每個月存錢,先買好畫框。想像過程中的每一件小事。以我的例子來說,想著要買畫,就先**允許自己想像採取每一步的實際感受,也就是將這種可能性編寫到腦海裡**。

## 心胸開放,遍地是機會

隨著時間流逝,這幅畫逐漸淡出到潛意識心智的背景,我則忙於生活。我大學畢業後遷居到華盛頓特區工作,接著到波士頓念法學院。然後輾轉到了紐約市,邂逅我的丈夫克里斯,開始從事法律工作。我們結婚後,為了克里斯的工作返回波士頓,展開共同的生活。

多年後的某天,克里斯提議找一個週末去佛蒙特欣賞秋季的樹葉,我只想到了那幅畫。我告訴克里斯,我在將近10年前邂逅了一幅畫,我堅持要在行程中挪出時間,去賽門皮爾斯製造所吃午餐,看那幅畫還在不在。

這趟行程安排在幾週後，只要想到能再次看到那幅畫
（不是買，只是看），我就精神抖擻，頭腦一次又一次地放
大夢想。原本收藏在腦海深處的這幅畫便跑出來，施展它的
魔法，設法抵達我腦海的前方，像打了聚光燈一樣。大腦濾
網，謝啦！真是亢奮啊！

我知道你能懂我的意思，我們都有過這種感覺。想要的
東西漸漸移動，在我們的期待下越來越靠近，那就像靈魂在
歡慶。即使東西還沒到手，甚至是不會到手。

在前往製造所的車程中，我感覺到有股能量流過我的
身體，就像電力順著電線去點亮一盞燈。我們越接近目的
地，那幅畫就越清晰，在製造所停好車時，我的五感都興奮
了起來。我們走進去，入口處懸掛著同一位畫家佳爾·雪佛
（Gaal Shepherd）的其他作品。我的心怦怦跳，這是一個徵
兆！「天啊，畫還在。」我抓住克里斯的手，拉著他穿梭製
造所，經過一個個的房間，瘋狂地尋找我的畫。

畫不在了。

克里斯抱住我：「真遺憾，親愛的。」
那一刻，我最驚訝的是，克里斯居然比我更失落。雖然

我有點難受，但都這麼多年了，要是畫還在，我想，我才會更意外吧！而在這件事中帶給我最重要的一課：**擊掌精神引領你相信凡事皆有可能，即使一切希望都斷絕了。**

我抬頭看他，說道：「沒關係的，反正我們買不起。現在畫成了我的追尋。」然後，我笑著又說：「大概要 40 年才買得起，到時得查查是誰買走了畫，說不定原本的買主已經不在人世了，到時我們找上門去調查人家的遺物。我會找到那幅畫的。」我相信我可以。

日子照樣過，那幅畫又一次歸檔到潛意識心智。我們買了一間需要整修的房子，之後我懷了第一胎。一年後，到了我的生日，克里斯邀請我們的親友集資，讓我能夠為新家選購優質的用品。他給我一張卡，裡面存了好幾百美元：「高興買什麼都好。」我敢說，他以為我會買實用的物品，像是給廚房買幾張凳子，但我只想到那幅畫。

好，別忘了，幾百美元可買不起那位畫家的作品，「我那幅畫」也絕對不行，這位畫家在 10 年間已經炙手可熱，作品在美國各地的畫廊展示。然而開放的心胸會讓負面的垃圾穿過頭腦的濾網。在我心裡，金錢加上准許自己得到「我要的任何東西」，代表著機會依然存在。

當你的心胸開放，便會看到遍地是機會。多虧了大腦濾

網與柴嘉尼效應的幫忙。

我沒有像過去的我曾經做過的，停下來思考不可能實現的各種理由，也沒有說服自己死心，這一回，在我血管裡流動的不是疑慮，而是志氣。

我拿起電話，彷彿口袋裡有恨不得趕緊用掉的 100 萬，打給了製造所。一位和善的男士接了電話，我說明我的情況，他說這位畫家有「小型畫作」，他很樂意寄拍立得照片給我參考。

當他提到「小型畫作」，我臉紅了，感覺神經系統灼熱起來。身體一進入警戒模式，大腦濾網便會失焦，負面思維會氾濫，從高峰跌落谷底只在一瞬間。

我究竟在做什麼？我算哪根蔥，還想買畫？我們的家具是別人送的，或在宜家（IKEA）買的。而我名下最「藝術」的東西，是大學宿舍冰箱上的法國畫家馬諦斯（Matisse）海報。小型畫作？可惡，我連她的小型畫作也負擔不起啊！我是收入勉強夠用的三十多歲孕婦。我應該立刻掛斷電話。

我很羞愧自己沒有大把鈔票，並開始想，也許應該把錢用在需要的物品上，像是為即將出世的寶寶買張嬰兒床。

　　我覺得自己的心門關閉了，體內的壓力引發頭腦的負面反應。從那個人說出「小型作品」的那一秒起，負面思維襲擊大腦，開始像塵雲一樣壟罩。當你感覺到棉絮的沙塵暴在腦袋裡蘊釀，就得抹除它。因為，當你的思維是負面的，就會採取負面行動，這就是當時我差點掛斷電話的原因。

　　當你覺得神經系統動員起來，壓力爆錶，你就得插手。記得維莉絲博士說過，身體的壓力會損傷你的認知能力，就是這個時刻！五秒法則有神效，可以助你一臂之力，只要倒數 5、4、3、2、1，就能打斷下墜的漩渦。可惜，那時我還沒發明五秒法則，所以我深呼吸，想著我愛的那幅畫，說道：「我不要這樣想。」我觀想那幅畫掛在我家廚房，召喚擊掌能量。

　　我對他說：「對了，有一幅我真的很愛的畫。我已經關注它很多很多年。大小大概跟一扇橫放的門差不多⋯⋯」我細細描述畫面裡的佛蒙特風景。

　　他停頓了一下，說道：「嗯⋯⋯我只在這邊工作了一年多，她的作品在我們這進出的速度相當快。雖然不想擅自猜測，但我想，那幅畫在我來這裡上班之前就賣掉了。佳爾（Gaal）應該會曉得。」

　　「佳爾？你是說畫家本人佳爾・雪佛（Gaal Shepherd）？

你認識佳爾？」

　　他笑了：「我當然認識佳爾，她家離我們這裡不遠。我來找她的電話。」


　　　　　　　　我幾乎要心臟病了。


　　我跟這位女性建立了十年有餘的私密連結，但現在我拿到她的電話號碼，卻不知道究竟要跟她說什麼？尤其是我很清楚自己實在買不起她的畫，連那個人說的「小型畫作」我都負擔不了。

　　這時我又開始感到壓力了，注意，這敞開了負面思維的大門。如果你緊張焦慮，頭腦會失去保持正向與開放的能力，你不能允許頭腦這樣，因為負面思維會引發負面行動。

　　拿到電話後，我拖拖拉拉了好幾天，在公寓裡踱來踱去，試圖想出完美的說詞。

　　克里斯一直問我：「妳給她打電話了沒？」

　　我為了不打電話編出無止無境的藉口。真相是，我怕了。我局促不安、我要她喜歡我、我怕說出丟臉的蠢話。我不是見多識廣的藝術品買家，而我認為藝術家才是她習慣的往來對象。這一刻，取悅別人的習性癱瘓了我。

　　最後，克里斯看不下去，他拿起電話塞到我手裡，說道：「梅爾，妳不現在打給她，我就撥號了。」他面色不善，可見是認真的。

　　「好，我打。」

　　電話響了幾聲，她接聽了。她連「喂，你好」都還沒說完，我已經飛速開講了。幸好，我沒有嚇壞她，也沒有出醜。恰恰相反，我們一聊就很投緣。聊著聊著，她問我為何如此喜愛她的作品。答案不費吹灰之力。我告訴她，克里斯跟我花了很多時間在山區健行。「有時候我轉個彎，就看到令我屏息的風景。在那些時刻，我時常想著有沒有人見過我所目睹的，而妳的作品證明了真的有其他人看到了。」

　　然後我說出了一直很想說的話：「對了，妳有一幅我真心喜愛的作品。它在我心裡很多很多年了，大約是一扇門橫放的尺寸……」我詳細描述那幅畫的細節。她一陣靜默，我聽得出她在思考。

　　然後她說：「是這樣的，梅爾，這些年來，我畫過幾百幅大型的佛蒙特風景畫，我怕會搞錯妳說的畫。要不這樣吧，妳跟克里斯找一天來製造所，我丈夫跟我會接待你們，我們一起逛一逛。我會告訴妳每一幅畫背後的故事。如果沒看到中意的，就回我的工作室，就在不遠處，讓妳看看我

正在進行中的畫。如果還是沒有看到中意的，就看看我作品集的幻燈片，也許妳會找到那一幅畫。」

一個月後，我們去見佳爾跟她的丈夫，一起午餐。她很迷人，年齡差不多是我們的兩倍，彷彿當我們是老朋友般招呼著。我們逛了製造所一圈，欣賞著她的作品，跟我們介紹每幅畫背後的故事，過程中也有不少人過來跟她打招呼。我的興奮慢慢轉為恐懼，因為我意識到，那些畫我們一幅都買不起。

我們終於坐下來吃午餐，就在 1989 年，我第一次看到那幅畫的那間餐廳。對，我一樣點了切達起司湯。

我們點餐後，佳爾望著我，說出一句令我永生難忘的話：「既然妳坐得好好的，我有話要跟妳說。」餐廳裡的嘈雜似乎消失了。

她接著說：「我從來沒遇過這樣的事。當妳聯絡我，在電話裡向我描述那幅畫，我裝作不曉得妳在說什麼。梅爾，其實我很清楚是哪一幅畫。」

她丈夫插嘴：「她掛斷妳的電話，那個樣子妳真該見識一下，她一副活見鬼的表情。」

佳爾點點頭，說道：「在我整個畫家生涯中，只有兩幅是為同一個場景、同一個時間畫出的作品，妳的畫是一對

的。我把其中一幅交給製造所販賣，另一幅收在工作室的儲藏室。」

然後她湧出淚水，一邊說：「妳多年前在這間餐廳看到的畫，姊妹作現在仍在我的工作室，離這邊只有幾公里的路程。那幅我從來沒有拿出來過，這些年來一直收在那裡。所以妳在電話裡描述畫的時候，我整個人都呆了，妳說的是我收在儲藏室裡的畫。其實我總想著要幫它裱框、拿去賣，已經想了好幾次了。現在我終於知道為什麼我一直沒有行動了。我猜，它在等妳回來找它。」

## 相信自己會如願，每一步都跟自己擊掌

我們敬畏地坐在那裡，因為神奇的事情降臨了。午餐後，我們開車到她的工作室。一走進去，工作室的正中央放著一個畫架，畫架上有一片巨大的三合板，那幅畫的姐妹作就貼在上面。

那是我人生中最微妙的一刻。時間彷彿交錯，我同時存在於相隔 11 年的兩個時刻。我覺得我站在多年前的喧鬧餐廳，宣告這幅畫將會屬於我，同時，我佇立在當下與畫同在。

我感覺到來自深處的直覺與感知，與某種事物連結，這是過去我不曾經歷過的，所以我相信這一刻是在預先做準備，以迎接未來的事物。

我站在佳爾的工作室裡，不知道看了那幅畫有多久。克里斯伸出手臂攬著我，而我的心往下掉，因為我們買不起畫。

我抬頭看著克里斯，他沒有片刻遲疑：「嘿！佳爾，這幅大的要多少錢？」

她回答：「嗯……梅爾買是 500 美元。因為我在創作這幅畫時，顯然是為她畫的。」

我的心碎了。找到畫是一回事，買得起完全是另一回事。

它是我的，我做到了，整整 11 年，我允許自己去相信我能擁有想要的東西，擊退了負面思維。我沒有喪志，還保持心胸開放，接受各種可能性。我一步步走向這幅畫，因為我相信自己會如願。我的心智協助我達成目標，成功顯化想要的東西。在前進目標的路途上，每一步我都跟自己擊掌。

我振奮不已，同時感到筋疲力竭。為何說筋疲力竭，我想了很多，發覺那不是情感上的疲憊，而是精神上的。畫被我放在大腦的「這很重要」清單已有 11 年之久，現在頭腦總算可以給它打上勾勾，放下這件事了，任務達成。這幅畫現在可以活在牆壁上，而不必在我的腦中徘徊。那是巨大的

成就感。

我帶走了畫，走出她的工作室。當我把畫帶回家，家中唯一掛得了的地方，是臥房的牆壁。我得先把畫釘在牆壁上，因為要再等一年，我才有錢給它裱框。

如今這幅畫掛在我家廚房（請見圖表 14-1），你會看到我站在這幅畫前面。它是證據，一個實質的提醒，證實了我深深相信的事：

你的頭腦是設計來幫忙你圓夢的。

圖表 14-1　梅爾與她的畫

你要相信夢想可能實現，以鼓勵自己持續走向夢想。無論如何，持續相信，並放下你對夢想要何時實現、如何實現的時間表。

我相信了 11 年才得到那幅畫。而畫並不是故事的終點。我現在意識到，我魂牽夢縈的畫描繪出美麗動人的佛蒙特風景，不是巧合，而是一塊帶領我前往目的地的路牌。

我想，它是來自天上的巨大箭頭，為我指出 20 年後（現在）的人生篇章。下一章我會跟你分享那個故事。

如果你回首前塵，會發現人生裡的蛛絲馬跡總是可以串聯起來的。真正的本事，是能夠相信當下這一刻是關鍵點，將你與未來會降臨的美好事物連結起來。

而信任是相當重要的條件 —— 信任自己、自己的能力，以及事物的神聖特質。你生命中的每件事都在替你打基礎，讓你能夠迎接未來會發生的事。或許你看不出人生中的關鍵點如何串聯起來，但那些點確實是環環相扣。

或許你今晚不會在酒吧裡邂逅愛情，或許你沒有登上暢銷書榜，也許你沒有贏得選舉，沒有拿到創投公司的資金，沒錄取你理想的碩士課程……

重點不是你想要某件事物就能如願以償，而是允許你的夢想帶著你走，穿越恐懼、疑慮與認命。夢想教導你去相信

有更好的事，夢想教導你相信自己、相信你有實現任何事物的能力。

所以說，**信任夢想、信任自己、信任你的能力，足以使你面對挑戰，鼓舞自己前進，並不忘一路上照顧自己。**每天早晨，當你站在鏡子前，與自己面對面，抽出片刻時間展露微笑，明白在你的美麗人生中，一切都會有完美，甚至神奇的結果在某個時刻到來。

當你向鏡中的自己舉起手，無須多言，只要對自己說：「我對你有信心，我愛你。現在繼續前進，因為美妙的事物就要來了。」

# 第 15 章
# 你是自己的燈塔，你是光

你是否曾經覺得生活似乎哪裡不對勁，卻說不上來是哪裡？那便是我過去幾年的寫照。那種感覺並非始終都在，然而在寂靜的時刻，它會使我坐立不安。

每次我搭乘飛機出差，啟程和降落在新的城市，我總是帶著半是羨慕半是好奇的焦躁心態，想著克里斯跟我接下來要在哪裡落腳。

我們家三個小孩中，已經有兩個離巢，美好的農莊便不適合我們了。但我實在太忙，不是出差工作，就是在為家人奔波，畢竟孩子們大了，事情也就越來越多，我一直沒空靜靜坐著陪伴自己。唯一能貼近自己思緒的時候，就是在高空中。當我搭乘的班機降落在跑道上，我會想：是這裡嗎？奧斯丁？聖地牙哥？納士維？紐約市？這裡會開啟我們的下個篇章嗎？

在疫情爆發前，我們的兒子奧克利當時八年級，正為了要就讀哪一所高中垂死掙扎，這件事給我們的生活投了一記

變化球。

　　他堅持要念佛蒙特南部的高中，那是我公婆住了 20 年的地方。但我們在波士頓城外住了將近 25 年，我們的團隊、朋友跟生活圈都在波士頓。即使我喜愛佛蒙特南部，我的反應是冷硬的「不行。」

　　我相信我一定這樣說：「搬去佛蒙特？那是退休的人才去的地方。」我不能理解為何要搬去「鳥不生蛋的地方」。我不要離開朋友跟我們在波士頓的生活。不待在大城市，我的生意就別想跟人競爭了。而從區域機場通勤，需要將近 2 個小時車程？免談！

　　但奧克利很堅持。由於他有閱讀障礙，他的求學之路很艱辛，而他很清楚知道下一步該怎麼走，便是這一所位於佛蒙特的公立高中，但我認定波士頓地區就找得到優質的學校。為此克里斯跟我經常吵架，我婆婆私底下常煽動克里斯這主意，甚至還提醒我：「克里斯熱愛滑雪。」而我說：「我不管克里斯喜歡什麼。我不可能搬去佛蒙特！」

　　你有沒有聽過一句俗語：「生命是你忙著擬訂其他計畫時所發生的事。」我猜，因為我忙著擬訂不搬去佛蒙特的計畫，所以沒有留意到所有的線索實際指向何方。

# 生命中總有線索在指引

在我明確跟奧克利表示不搬家的一個月後，一位靈媒來上我的談話節目。她從 5 歲起就能夠看見亡者，與他們溝通（我喜歡這一類的主題）。她幫現場的幾位觀眾通靈，訊息個個精準到位，觀眾席跟現場所有懷疑的人都相信她了，聽得我們紛紛落淚。

然後她轉向我，詢問能不能幫我通靈，我當然是同意了。

她告訴我，有個身穿軍裝的男人站在我背後。我立刻想到我過世的外公法蘭克・施涅貝格（Frank Schneeberger），他當過海軍。但她說不是，這位是領過勳章的飛行員。空軍？飛行員？我心想，我不認識在空軍的飛行員。

她接著說：「字母 K 或『肯』（Ken）這個名字，能讓妳想起什麼嗎？」

我說：「肯？我們都這樣叫我們的女兒肯朵（Kendall）。她是延用克里斯爸爸的名字取名的。我公公名叫肯尼思（Kenneth）。我們也會叫他肯，但他沒有當過兵，是經營一間廣告公司。」

靈媒說：「不管站在妳後面的人是誰，他開始不耐煩了（脾氣真大），他要妳向家人求證他的身分。」

　　這時，製作人用電話聯絡上克里斯，我和克里斯確認，他說他父親在大學時期曾是空軍預備役，我很驚訝，我都不知道有這回事。後來他沒能駕駛飛機，因為在飛行員的體檢中，發現他是色盲，但當飛行員始終是他的夢想。

　　靈媒點點頭，她彷彿曉得肯是會挑這種隱晦（而且Google 搜尋不到）的細節來打消懷疑的人。她接著告訴我，肯有一大堆孫子和孫女（確實），年紀最小的一位，是他一直照看著的人（也就是我們兒子）。

　　肯今天來到現場，是為了給我一個訊息：「有一件與學校有關的事情即將發生。梅爾，雖然妳不喜歡，但妳一定要聽兒子的話。」

　　這時我真的感覺到自己靈魂出竅。感受不到屁股底下的椅子，因為在那一刻，我覺得自己漂浮在半空中，我能感覺到肯的存在，我知道他就在現場。

　　我從沒跟任何人提過，我、克里斯和奧克利為了搬家去佛蒙特的事吵架。真的，我一個字都沒提過。而這件事情在一個月前已經拍板定案，我要讓奧克利念波士頓的學校。

　　我很清楚肯的意思：搬去佛蒙特，要有信心。

　　我走出攝影棚，喃喃自語：「我不敢相信世界上居然有這種事，我得搬去佛蒙特。」我很錯愕，因為我知道這個訊

息是真的。

我打電話給克里斯，說了剛剛發生的事。克里斯回答：「我還沒跟妳說，我媽昨天打過電話。她有很多朋友都住在一個新的開發區。一年前，她寫信給那裡一間套房的業主，業主剛剛回覆她，顯然她也才剛出價。她昨天打電話給我，問我們要不要買她跟老爸蓋的房子。我已經拒絕她，也跟她說我們決定要待在波士頓。」

四周的聲音消失了。我豁出去，說道：「跟她說沒問題，我們要買那間房子。」

於是就在疫情爆發前夕，我們買下我公公婆婆建造的房子，現在我們正在翻修。我們讓奧克利到他挑選的公立高中註冊，而且克里斯的確每天都開心地滑雪。在這裡，從廚房窗戶往外看，遙遠的地方，一個人影都沒有（有時這讓我害怕）。我們在這裡還發生了很多事。

我開始意識到過去 5 年來，我在忙碌的生活裡奔跑，跟自己失聯了。而且坦白地說，我跟克里斯和孩子們也失聯了。我能夠發現並感受到這種失聯，原因只有一個，就是住進相對恬靜的佛蒙特鄉村。對比會凸顯我內在的狀態，我別無選擇，只能靜定下來，拉出頭腦的濾網，查看堆積的棉絮，清乾淨，一勞永逸。

　　搬去佛蒙特讓我正視自己對於「不夠成功」的恐懼。佛蒙特是一座 3,000 人的城鎮，跟我自幼生長的家鄉一樣小，這讓我沒有安全感，擔心會交不到朋友，害怕無法建立能夠協助我擴張事業的團隊，我會因此落於人後，跟不上在波士頓、洛杉磯、紐約的其他人。我所有的恐懼與不安全感，如巨浪洶洶湧向我，我被迫面對自己。

　　這也讓我意識到，我調節焦慮跟壓力的方法，就是拚命向前衝，如果我忙得團團轉，比如：趕著去開會、跑去塔吉特百貨公司（Target）、再打一通電話等等，這時情緒就追不上我了。

 **調校心態**

真正認識你自己，是奇蹟般的事情。

　　當生命用它的方式告訴你：「這是你的命中注定。」這時要聽話。我打死都想不到，佛蒙特會是我現在落腳的地方。我只知道我告訴了自己想要什麼：我想要減少出差的時間，多跟家人相處，想要擔憂的時間少一點，對工作跟未來

發展感到篤定的時間多一點，也想要少一點焦慮，多一點喜悅……。許願要小心，因為腦中的警衛在凝神傾聽。

不論是人生還是這本書，在我記錄著新篇章時，我不得不刻意且審慎地放慢腳步。我總是說想要這樣的生活，現在實現了就得好好接受。不趕飛機，不上路。以我的方式做事，住在我選擇的城鎮，待在這個讓我覺得更滿足、更踏實的地方。

我一直跟自己說，我得做怎樣的人、得過怎樣的生活才算成功，而現在我真心想要放下那些想法。我覺得自己似乎展開了一生中最有創意的篇章，因為我不再忙著奔波了。這很興奮又駭人，就如同人生，在高高低低的浪潮中，我選擇破浪而行。

我意識到我的確有一支團隊，在虛擬空間中（如今許多團隊都是）。唯一的例外是潔絲（Jessie），她原本是美式足球隊巴爾的摩烏鴉隊（Baltimore Ravens）的影片製作人，但她的未婚夫錄取位在佛蒙特的奧維斯公司（Orvis），所以在疫情爆發前夕，她就搬到佛蒙特了。

剛好，我最急切的需求，是為我的社群媒體團隊找到一位剪輯師。而她就出現了，彷彿天賜的禮物。

另一位成員文案艾美（Amy），來自紐約近郊，她跟我

們一樣在今年秋天搬來，也看上了同一間學校，她希望這個地區能夠為她的生活風格帶來轉變。還有一位搬到佛蒙特的是崔西（Tracey），她一向是我珍視的同仁之一，她的伴侶剛進醫學院。我們全都相遇於這個新篇章。

我的大腦濾網每天都會經歷著一輪循環。我到底在做什麼？切換成「這樣行得通嗎」，再切換成「這樣行得通」。最後，告訴自己「這正是我該待著的地方」。

而我清楚且有信心，這個新篇章會很精采，假如哪天又需要接觸新事物，我也有再一次改寫生命的工具和方法。

每天在佛蒙特醒來，都教了我這輩子最重要的一課：**你是自己的燈塔**。對，我一再強調夢想的作用是充當燈塔，拉著你度過人生中的艱難時刻。但你記得，你天生便有這些夢想，它寫在 DNA 裡，你的一部分，這表示你就是光。

我們都會犯這樣的錯，仰賴著外在的事物來圓滿自己。想著一定要有最甜蜜的風流韻事、最賺錢的工作、最豪華的房子，想著有了這些事物，你就會覺得人生在跟你擊掌。然而實際上，真相恰好相反。**你得學會如何自己圓滿起來。**你得創造出你想在人生中擁有的感覺 —— 快樂、喜悅、樂觀、自信、歡慶。**這種得到喝采的感覺，始於你給自己喝采。**

我可以告訴你，以前我不曾有過像現在這般純粹的滿

足感。我絕對是非常積極正向的人，有時我快樂無邊，有時我歡樂無比。然而說到與自己連結，這扎根在我的人生願景中，但我始終做不到，卻想不通為什麼。

我也知道自己無法早一點搬過來，因為來到佛蒙特之前的每一件事，都是為了讓我做好準備在此時此刻待在這裡。串聯人生地圖上的多個關鍵點，最後引導我到該去的地方。就像你人生裡的許多個點，會牽引你接近你該擁有的事物，不論那是什麼。

## 與不適同在，不逃跑

改變不簡單，也不完美。我們剛搬到佛蒙特房子的前4 個月，每隔一天，起床後就開車去波士頓（我沒有開玩笑）。人覺得自己卡住了，又應付不來時，通常都會出此下策：逃命。而我也意識到，自己已經做一輩子了。

我是自信的人，但有許多年，我無法真正自在地做自己。我跟別人相處時沒有，經歷重大變化或是前途未卜時更是絕對沒有。因此這些變化教導我如何感受茫然與恐懼，不逃之夭夭，穩穩地站著體會不適感，注視鏡中的自己，安撫

著：「我會沒事的。」

當我去看新的基層醫生*，他是土生土長的佛蒙特人，他告訴我，40 年來，他看過許多人遷居此地，但多數人都不喜歡這裡。

人人都匆忙地跑向某處，通常是要逃離他們的問題。但不管逃到哪裡，都只是把問題帶著跑。在新環境，尤其是像佛蒙特這種清靜、祥和的地方，你無處可跑，就是得跟自己在一起。

我的領悟是，我得跟拍打翅膀的籠中鳥一樣，能與不適同在，傾聽不舒服的感覺。我得在早晨起床時，將手放在心口上，對自己說出我需要聽的話。我得尋找心形，並信任我能看到其他的徵兆。我得跟鏡中的自己擊掌，鼓舞自己穿越迷霧與負面思維，投入一天的生活。

---

\* 在美國，生病要從基層醫療單位開始求診，有必要時才由基層醫生幫你轉診。

# 信任我、信任技巧、信任你自己

我學會去信任這本書中教的每一個技巧，而我希望你也信任這些技巧。人生在教導你某些事，在讓你準備好迎接目前還看不到的美好事物。會感到不舒服是暫時的，倒數 5、4、3、2、1，踏出你的腳步。要保持濾網潔淨，開放心胸。

憑著擊掌習慣，我非常清楚地明白，我可以在山的這一頭拓展生意，也可以在佛蒙特建立一支屬於我的工作團隊。我家穀倉裡有充足的空間擺放撞球桌，畫可以懸掛在我家廚房，克里斯跟我在這裡可以快快樂樂，不，我們一定會快樂的，因為這是我要的。

夢想不會消失，它是你與生俱來的，原本就屬於你。這表示不論你去了哪裡，不論你開創出怎樣的自己，夢想都如影隨形。因此，不如就別跑了，開始傾身投入夢想，**去看、去聽、去感受生命給你的線索**，釐清你注定要成為怎樣的人。各式各樣的聲音，在呼喚我們成為更棒、更升級的自己。我們要擊掌的婚姻、要成為擊掌的家長、要擊掌的友誼與職涯。不論你有了什麼夢想，這夢想屬於哪一方面，都要相信你可以跟自己擊掌前行，直到夢想實現。

要知道我依然在你身邊，舉起我的手與你共同慶祝。擊

掌吧！朋友，我看見你了，我相信你。

現在，輪到你相信自己，讓你的夢想成真。

# 結語
# 早晨的擊掌儀式，讓你煥然一新

## 從起床相遇的地方開始

我實在不能停在這裡，自己站在佛蒙特山上，把手舉到半空中，準備跟你擊掌，因為我知道大家可能會想什麼：

好啦，梅爾。妳從「跟鏡子擊掌」就打動我了……但我很茫然，應該要怎麼做？搬去佛蒙特跟妳住嗎？跟靈媒聊聊？買一幅屬於我的畫？我需要買一套舞會的禮服嗎？我要尋找心形跟紅色 Acura？我好像得讓腦中的警衛跌一跤？到底要怎麼做呢？詳細幫我整理一遍吧！因為妳在第 1 章承諾要「牽我的手」。

我很高興你問了，我都幫你搞定了！讓我們回到一開始，回到最初相遇的地方：你家的浴室鏡子前，而你穿著內衣。

整合你在本書學到的全部技巧和科學研究。

## 從早上鬧鐘響起,養成擊掌習慣

擊掌的早晨象徵著一連串的簡單承諾。每個承諾都有科學研究的背書,做起來不僅超簡單、舒心愉快,還能給你小小的勝利成就感。當你展開一日的生活時,你已經準備好大顯身手了。

美好的早晨始於鬧鐘響起。以下列出了你可以採取的行動,以及執行這些行動時,實踐的深刻道理。

1. 自己優先:鬧鐘響了就起床。
2. 跟自己說你需要聽的話:「我平安無事、我很安全、我是被愛的。」
3. 給自己一份禮物:整理你的床鋪。
4. 表揚自己的存在:對著鏡子擊掌。
5. 照顧自己:穿上你的運動服。
6. 鍛鍊你的大腦濾網:在早晨做夢。

擊掌的早晨是你將自己放在第一位的早晨。這些承諾會協助你優先照顧自己，滿足自己的需求與目標，之後才去處理你的待辦清單、手機、社群媒體、公司的電子郵件，接收新聞裡的資訊、家人的需求，以及不受你控制的一切。

為自己守住這些簡單的承諾，便是將自己放在第一位。就在每個早晨，就在人生的每一天。這份清單乍看之下，跟擊掌一樣有點呆、平淡無奇，所以讓我拆解每一個承諾，讓你了解每個步驟背後的深意。

## 自己優先：鬧鐘響了就起床

往往，我們每天在相同的時間起床是出於習慣。因此每天晚上，在你熄燈入睡之前，抽出一分鐘想想明天早晨：你要有個怎麼樣的早晨，才會覺得受到支持？你得在幾點起床，才會有充足的個人時間？

思考一下你在此時此刻的人生需要什麼。或許你需要早起，所以得提早就寢。如果你家中有年幼的孩子，或是要早早進公司，但你想有 15 分鐘的空檔做運動和冥想，那你就必須在清晨 5:00 或 6:00 起床，這時你就認了吧！別耍賴，設定鬧鐘。或許你晚上得減少跟朋友聚會，以換取需要的睡

眠（凡事以自己優先）。

鬧鐘響了就起床，不要按下貪睡鈕，也別在那邊要死要活的。倒數 5、4、3、2、1，起床就對了。這跟你平常是不是早起的人無關，在此刻腦中的警衛在關注你，如果你總是按下貪睡鈕，便是用行動在告訴它，你不會執行自己說過的話，而這會影響大腦如何過濾你對自己的觀感。

鬧鐘不只是一個喚醒你的鈴聲，而是一個承諾。當你今晚設定鬧鐘，你是在做出承諾，在說：「我很重要。」

明天當鬧鐘響起時，守住承諾立刻起床吧！早晨時，別把鬧鐘的響聲視為義務，當作是機會，這是一個訊號，代表接下來的時間是送給你自己的禮物。

還有一個重點：不要看手機！

## 跟自己說你需要聽的話

現在，專注在自己。不要痴痴地盯著手機螢幕來展開一天。將你的手放在心口說道：「我平安無事、我很安全、我是被愛的。」需要聽幾次就講幾次。

恭喜，這時你已經拿下 2 次小小的勝利：你按時起床了，還照顧了自己的需求，這時太陽可能都還沒升起呢！

來個擊掌 —— 你做到了！你專注在自己身上，並把自己放在第一位。

## 給自己一份禮物：整理你的床鋪

10 年前，我的人生從精神開始崩塌，從那時起，我養成整理床鋪的習慣，免得我又爬回去床上，把自己埋到被窩裡。久了以後，我領悟到整理床鋪，是強化紀律與決心的另一種方式，也可以是你送給自己的美好禮物。

這是禮物，因為不管你今天何時走進房間，都會看到整齊的床鋪，而不是一片凌亂等你去整理。還有，當你拖著疲憊身軀回到房間，你已經有了可以躺下進入夢鄉的好地方。

你是為自己整理床鋪，你整理床鋪，是因為你說要整理。我每一天早晨都會整理床鋪，不論在哪裡過夜。如果克里斯還在呼呼大睡，我甚至會只整理半張床。為什麼？因為優先照顧自己的關鍵，在於做到了你告訴自己要做的事，不因任何藉口、感受或地點而不做。

## 表揚自己的存在：對著鏡子擊掌

直接走到浴室，向你最大的盟友和最棒的朋友 —— 你自

己 —— 打個招呼。微笑，舉起手來表揚自己的存在，並抽出片刻時間給自己。你一定行的！

## 照顧自己：穿上你的運動服

我天天活動身體。運動帶來的身心效益，有科學和真人真事的背書，你一定知道，你得動一動，流流汗。但即使你懂得這些道理，知道自己應該每天活動筋骨，並不足以讓你動起來。這大概會是你最不甘願做的事。

所以我設計了一個簡單的習慣：每天晚上把運動服拿出來擺好，就像在衣櫃前的地板設置陷阱，我不得不在離開臥室之前換上運動服。要是一腳跨過運動服，就等於在說：「你給我滾開，梅爾。」那樣的話我會內疚，就會換上運動服了（建設性的內疚）。等到瑜伽的彈性褲穿上身，你已經為了運動換好服裝，想要去運動就簡單多了。

我沒有把這項承諾放在「天天運動」的框架下，那太難了。如果生活已經把你壓得喘不過氣，是守不住這種承諾的。因此我們降低勝利的標準，我希望你能建立動力，光是把運動褲穿上身，就值得一次擊掌。我就是這樣逐漸邁向勝利的，讚美所有事情！也因為如此，我設定的承諾都很簡

單，像是：將手放在心口、起床、整理床鋪、對著鏡子擊
掌、換上運動服。連續 5 次勝利！

　　現在你距離終極目標（也就是活動身體）又更近了。我
把目標設定得很簡單，畢竟為了自己而起床的關鍵在於執行。

## 鍛鍊你的大腦濾網：在早晨做夢

　　說到夢，你大概會想到睡眠。但我要你開始在晨間做
夢，好讓你將夢想帶進日常生活中。

> 做法：每天早晨，我都帶著擊掌日
> 誌坐下，完成 2 頁的日誌練習。如
> 果你有興趣試試看，後面放了擊掌
> 日誌的免費樣板（請見 P328），
> 並且解釋了背後的科學原理，這是
> 送你的禮物。

　　**第一步：** 在擊掌日誌第一頁頂端，把清單上的每件事

都打上勾勾來收攝心神，喚醒自己。在項目上打勾的舉動，強化了拿下每個勝利的感覺。透過這行動，能表揚自己的進展，也能協助你建立紀律。這花不了 1 分鐘，完成後，會覺得自己真的投入當下且感到自豪。

**第二步**：下方有一塊空間提供給你清理思緒，「清倒大腦垃圾」是把腦中濾網清乾淨的妙法，真切地寫出你的心情。有些日子，內容會很美好，有些日子，是用文字在嘔吐、抱怨，但是在每一天，這樣的書寫能讓你脫離腦袋的思緒，專注於當下這一刻與自己同在。這協助你處理一切情緒，不分好壞皆付諸文字。

我發現要是早上我沒做這件事，往往便會把那些埋藏在內心深處的感受與潛意識的思維，傾倒給我的家人、同事跟我們家的倒楣狗狗（不好意思啦，各位）。

**第三步**：我會准許自己想我想要的事物。寫下 5 件你要的事物，不批判、不恥笑、不修改這些事，只管遵循你的心，寫下你的心想要的內容。

也許你心愛的人有憂鬱症的困擾，而你希望他能夠找回本來的那個他。像我最近寫的是，我夢想舉辦一場 5,000 人次的 2 天蛻變活動，而開放的名額銷售一空。還寫下想在我們全家人都喜愛的羅德島（Rhode Island）海濱蓋一間房

子。有時，我寫的內容很單純，就只是想要開開心心地下海
游泳，不用擔心被鯊魚襲擊。

　　某些早晨，你的願望可能會是不擔心金錢、跟媽媽去旅
行，或是買一輛奇特的新野馬（Bronco）貨車。不論你想要
的是什麼，都允許自己渴望這件事物，而寫出來會啟動大腦
濾網幫你實現。

　　內容可能每天一樣，也可能不同。那可以是你最深切、
最狂野、最盛大的夢想，也可以是你內心感覺到的某個事
物。可以是你想買的物品，也可能是你想要體會的某種感
受，甚至只是你想做的事。允許自己真實無欺地做夢，不要
有歉意。當你寫下夢想是在認可夢想，過去的你否決夢想太
多次了，現在訓練你的大腦濾網說：「好的。」

　　這便是迎來擊掌的早晨。既然你已經把自己放在第一
位，而大腦濾網則聚焦在你要的事物上，這時想看手機（或
尋找心形）就儘管看吧！


## 許自己一個值得擊掌的人生

　　這些練習相當簡單。但我希望你相信，當你每天早晨一

個接一個做完這些項目，能得到的不僅是狀態更好、更有生產力的一天。這些練習的影響其實很深廣，可以鎮靜你的神經系統、集中思緒和支持你自己。

擊掌的早晨關乎建立信心：對自己的信心、對身體的信心、對想法的信心、對靈魂的信心。這些承諾協助你邁向成功，建立對一天的動力，掌控自己人生，然後才走進世界。這會讓你變得更有自信。

而利用晨間做夢，讓這些嚮往、渴望和意圖，從檯面下走到檯面上，開始與你同行。打從內心與靈魂就知道，在每一天的日子裡，你醒來、讚揚自己的存在，及鼓舞自己追求想要的事物，是我們都希望自己深愛的人可以得到的，也是你得為自己建立並實現的願景：**一個擊掌的人生。**

# 附錄
# 擊掌習慣的行動筆記

　　絕對不要嫌棄我什麼都沒給你，前面有提到，我有一個特別的日誌練習。現在我要跟你分享，免費放送！

## 擊掌日誌

　　你可以下載免費的模板，或是從 High5Journal.com 取得你自己的限量版。這些模板會將本書的技巧，整合成一個簡單的日誌練習。

　　下一頁我會示範做法，並解說背後的科學道理，還有空白的日誌模版可供使用。假如想要更多內容，請在High5Journal.com 免費下載。

# 如何每天

**①**

多虧了神經科學,我們知道緊張焦慮的身體會讓大腦進入求生模式,讓你看見威脅而非機會。因此,要締造任何改變,都得先安頓好你的身體。

**②**

做個深呼吸。深呼吸會活化迷走神經,有效安撫神經系統。這是讓身體立即鎮靜下來的祕密絕招。

**③**

將雙手放在心口上,是調節迷走神經的另一個方法。你用這個真言教導身體,安全、舒適自在,觸及安寧而冷靜的感覺。

**④**

你的感官是精神能量的管道。現在開始喚醒那股能量,然後聆聽。

**⑤**

為你的感覺命名,是加深自我覺知,並對自己感到自在的關鍵步驟。

**⑥**

我最喜歡這個重設頭腦濾網的日常習慣了,告訴自己:你值得歡呼喝采、你的夢想很重要、不論遇到什麼狀況你都能夠處理。

**⑦**

一旦身體平靜了,你就可以把心思跟注意力放在你想做的事情上。

---

日期 12/5

## 安頓你的身體

你要扎根在當下,才能自在地做自己。

- ☑ 做個深呼吸
- ☑ 將雙手放在心口上說:「我平安無事、我很安全、我是被愛的。」
- ☑ 你現在能感知到的一件事物:

  看見:我看到窗外光禿禿的樹木

  摸到:我摸到我手中的筆

  聽到:我聽到我的狗在叫

  聞到:我聞到剛剛沖泡好的咖啡

- ☑ 用一個詞來描述,我覺得很忙
- ☑ 我今天值得來個擊掌,因為我今天早上及時起床!
- ☑ 下次你經過鏡子時,證明給自己看。跟自己擊掌!

## 清理你的腦袋

培養自信的頭腦,清掉此刻塞在腦袋裡的所有東西:擔憂、事情、思緒、想法、點子、待辦事項,或寫下任何你不想忘記的事。

今天有一堆公事要忙,我得趕在期限內完成。狗狗需要出去解放,牠用大眼睛望著我,等我寫完日誌就馬上帶牠去。我得回覆媽媽的電話,她給我打過電話,我很慚愧都沒有打給她,但我得先搞定工作。我一起床就覺得壓力好大,事情太多了,但我很高興今天早上沒有看手機,練習把自己放在第一位。

**⑧**

清理你的頭腦。把所有的思緒扔到這個頁面,不要保留。從腦袋裡清出來,你才能進入當下,跟自己同在。

# 跟自己擊掌

## 解放你的心靈

自信的心靈會頌揚自己的存在，朝著願望前進。准許自己想想你**要**的事物。

### 寫下 5 件你要的事物：

可大可小。今天想要的，或你這輩子想要的。

1. 挪出空檔，多留一些時間給自己。
2. 每年挑一個沒去過的地方旅行。
3. 擁有最棒的身材。
4. 建立一個跟提升心理健康有關的非營利組織。
5. 學習冥想，更能夠做到正念。

說明你可以採取什麼小小的行動，慢慢朝著你要的事物靠近。

- 多留一些時間給自己：把空檔排進行事曆。我可
- 以設定一個停止工作的時間，嚴格遵守。我可以
- 擬訂計畫，跟朋友去上瑜伽課。我會每天早上寫
- 每日的日誌。我要早點起床，利用這段時間寫出
- 非營利組織的計畫書。
-
-

## 現在閉上眼睛

觀想你執行這些小小的行動。深深去感受你在做這些事，且越來越接近你的願望。這能訓練你的身、心、靈協助你採取這些行動。

**9**
現在你的身體平靜下來，頭腦清晰。該是喚醒你心靈的時候了。

**10**
開始在晨間做夢！寫下 5 件你要的事物。對這些事物保持信心。准許自己擁有你要的事物。

**11**
寫下你要的事物，可以重新設定頭腦的濾網，進而改變你去相信事情可能會實現，圓夢的機率也會提高 42%！

**12**
大部分人試圖觀想最後的結果，這樣就弄錯顯化的方法了。神經科學研究告訴我們，要觀想執行圓夢之路上的每一個辛苦、惱人的步驟。這樣做是在告訴大腦：「我會做苦差事。我會善用機會，而且我不會退縮，會挺身行動。」

**13**
大腦掃描顯示，當你觀想自己做某件事，大腦受到刺激的部分跟實際去做的時候一樣，因此你更有可能貫徹那個行動。而行動會帶來成果。

調校心態
*The High 5 Habit*

日期：＿＿＿＿＿＿／＿＿＿＿＿＿

## 安頓你的身體

你要扎根在當下，才能自在地做自己。

▨ 做個深呼吸

▨ 將雙手放在心口上說：「我平安無事、我很安全、我是被愛的。」

▨ 你現在能感知到的一件事物：

看見：＿＿＿＿＿＿＿＿＿　　摸到：＿＿＿＿＿＿＿＿＿

聽到：＿＿＿＿＿＿＿＿＿　　聞到：＿＿＿＿＿＿＿＿＿

▨ 用一個詞來描述，我覺得＿＿＿＿＿＿＿＿＿＿＿＿＿＿＿＿

▨ 我今天值得來個擊掌，因為＿＿＿＿＿＿＿＿＿＿＿＿＿＿

▨ 下次你經過鏡子時，證明給自己看。跟自己擊掌！

## 清理你的腦袋

培養自信的頭腦，清掉此刻塞在腦袋裡的所有東西：擔憂、事情、思緒、想法、點子、待辦事項，或寫下任何你不想忘記的事。

# 解放你的心靈

自信的心靈會頌揚自己的存在，朝著願望前進。准許自己想想你**要**的事物。

## 寫下 5 件你要的事物：

可大可小。今天想要的，或是你這輩子想要的。

1. _____

2. _____

3. _____

4. _____

5. _____

說明你可以採取什麼小小的行動，慢慢朝著你要的事物靠近。

- 
- 
- 
- 
- 
- 
- 

## 現在閉上眼睛

觀想你執行這些小小的行動。深深去感受你在做這些事，且越來越接近你的願望。這能訓練你的身、心、靈協助你採取這些行動。

# 謝詞

　　首先，我感謝自己——梅爾·羅賓斯，妳值得熱烈的鼓掌。這本書磨了 3 年、換了 2 家出版商、占了 13 GB 的記憶體、吃了 80 公升的釣魚樂團（Phish Food）冰淇淋，還用了 7 箱面紙跟好幾把的安舒疼止痛藥（Advil PM）。這是我人生最艱辛的篇章之一，但寫下這個人生篇章拯救了我，最後也有了這本書。我不敢相信我經歷過如此多的鳥事（律師不准我講得太詳細），而我依然健在。我居然辦到了，我以自己為榮。所以，對於我自己，梅爾·羅賓斯，我得說：擊掌吧！

　　給梅樂蒂（Melody）：我了不起的編輯，戴著紅色殺手眼鏡的女人，真的有眼皮嗎？因為當我說：「我還需要時間。」妳的眼睛連眨都不會眨一下。等等，我在開誰的玩笑啊？妳八成會把這句話刪掉吧！我好感恩能夠與妳共事。天啊，我愛妳。

　　給我的團隊：我把手放在心口上，感謝你們沒把我的照片放在飛鏢的靶子上（還是其實有）。不管如何，我愛你們，謝謝對我和這個案子不離不棄，用心做好每件事。

　　給 55 位貢獻了本書內容的人：這本書我重寫了太多遍，很多人的名字我都忘了。我是認真的，很感恩你們伸出援手。尤其是斯凱高度互動公司（Skye High Interactive）的崔西、艾咪、南西（Nancy）、妮可（Nicole）、敏蒂（Mindy）、史蒂芬妮（Stephanie）、貝卡（Becca）。如果你們打死都不想再收到我的電子郵件，我能理解。

　　給我的文學經紀人：也是我覺得差一點就放棄我的人。馬克（Marc），你有看到嗎？你打破了出版模式。謝謝你的天資。

　　給達林（Darrin）：因為你老婆蘿利（Lori）在臉書看到我的 TEDx 演講，你成了第一個付錢請我去演講的人。其餘的事大家都知道了。我總跟大家說，要不是有你們，我絕不會踏進這一行，這是真心話。而你們告訴每個人：「你絕對不曉得她實際上是怎樣的人。」

　　給賀氏書屋（Hay House）：謝謝你們允許我分享全部的見解與故事，沒把髒話刪掉。給賀氏書屋與納迪媒體（Nardi Media）團隊的每個人──包括瑞德·崔西（Reid Tracy）、瑪格麗特·尼爾遜（Margarete Nielsen）、帕蒂·吉夫特（Patty Gift）、貝西·貝爾（Betsy Beier）、蜜雪兒·畢理（Michelle Pilley）、喬·博吉斯（Jo Burgess）、蘿西·貝

里（Rosie Barry）、黛安‧希爾（Diane Hill）、約翰‧亭提拉（John Tintera）、凱倫‧強森（Karen Johnson）、崔夏‧布賴登塔爾（Tricia Breidenthal）、尼克‧威爾許（Nick Welch）、布萊‧貝斯特（Bryn Best）、派瑞‧克羅（Perry Crowe）、瑟蕾絲特‧強森（Celeste Johnson）、莉莎‧芮斯（Lisa Reece）、琳賽‧麥金提（Lindsay McGinty）、愛許麗‧博那帝（Ashley Bernardi）、雪芮丹‧麥卡西（Sheridan McCarthy）——謝謝你們。也要謝謝妳，露易絲‧賀（Louise Hay）。跟妳擊掌。如果妳在天堂見到我的祖父母，跟他們打聲招呼好嗎？他們八成在玩撲克牌。

給布藍登‧布查德（Brendon Burchard）與參加擊掌挑戰的每個人：我愛你們。

給珍妮‧莫洛尼（Jenny Moloney）：為本書拍攝了漂亮的照片（還有愛蜜莉（Emily）和潔西（Jess），讓我上得了鏡頭的夢幻團隊），我清楚擊掌的照片有多難拍。謝謝妳沒在緊急迫降時出事，因為這個世界需要妳繼續發揮長才。

給老媽：永遠都是最棒的、唯一的老媽。妳是狠角色。我能夠成為實業家，是因為你在伐木者銀行（Lumberman's Bank）的驚人之舉。我想銀行員的下巴還在地上呢！謝謝妳做我最響亮的啦啦隊。我知道我有時候不好相處。

給老爸：你是我所認識最厚道的人。我等不及你來佛蒙特，在撞球桌上痛宰我（全新的「撞球桌穀倉」）。

給德瑞克（Derek）：你是我最喜歡的兄弟，還有你的妻子克麗絲汀（Christine）。真的謝謝你們，感謝你們兩位挺我、幫忙收拾我的爛攤子，用我不能公開寫出來的許多方式，保住我的理智。

給我的公公肯恩：謝謝你從天堂捎來的訊息，我們兒子從來沒有那麼高興過。

給我的婆婆茱蒂（Judie）：她曾經睿智地說：「梅爾，妳老是惹上麻煩，但總能脫身。」這種說法沒什麼詩意，卻是真相，而我愛妳總是坦白地說出看法。

給我最棒的朋友葛蕾琴（Gretchen）、麗莎（Lisa）、比爾（Bill）、強納森（Jonathan）：我們在彼此的人生互相扶持，很感恩我們可以共度人生。我愛你們，你們永遠是我最知心的朋友──因為你們知道得太多了。

給巴西美人蘿絲（Rose）：謝謝你所做的一切。我愛你。

給優羅（Yolo）*跟麵條先生（Mr. Noodle）：謝謝你們在全家人上床睡覺時陪伴我。

---

\* You only live once（你只活一次）的縮寫。

　　給索怡爾（Sawyer）、肯朵、奧克利：我知道你們認為我是工作狂（你們是對的），但我覺得當一個人喜愛自己在做的事，就不算是在工作。我將這本書獻給你們跟你們老爸，因為身為你們的父母，最大的願望就是你們能夠找到勇氣，開創充滿意義的人生，希望你們的人生快樂、充實，就跟你們帶給我們的人生一樣。我從內心深處感謝你們鼓舞我、支持我去圓夢。還有，我今天晚上就不跟全家人一起吃飯了，我要跟我的編輯梅樂蒂打 Zoom 電話。

　　克里斯，我最愛你了。謝謝你愛我。

# 參考資料

- "Behavioral Activation Therapy Effectively Treats Depression,Study Finds." Harvard Health. Harvard Medical School Publishing, September 14, 2016. https://www.health.harvard.edu/mind-and-mood/behavioral-activation-therapy-effectively-treats-depression-study-finds.

- "Female Reproductive System: Structure & Function." Cleveland Clinic.Cleveland Clinic's Ob/Gyn & Women's Health Institute, 2021. https://my.clevelandclinic.org/health/articles/9118-female-reproductive-system#:~:text=At%20birth%2C%20there%20are%20approximately,quality%20of%20the%20remaining%20eggs.

- "Reticular Activating System." ScienceDirect. Elsevier B.V., 2021. https://www.sciencedirect.com/topics/neuroscience/reticular-activating-system.

- "Understand Team Effectiveness." Google Re:Work. Google. Accessed April29, 2021. https://rework.withgoogle.com/print/guides/5721312655835136/.

- "Understanding the Stress Response." Harvard Health. Harvard Medical School, July 6, 2020. https://www.health.harvard.edu/staying-healthy/understanding-the-stress-response.

- "Why Do We Take Mental Shortcuts?" The Decision Lab. The Decision Lab,January 27, 2021. https://thedecisionlab.com/biases/heuristics/.

- Adolph, Karen E., Whitney G. Cole, Meghana Komati, Jessie S. Garciaguirre, Daryaneh Badaly, Jesse M. Lingeman, Gladys L. Chan, and RachelB. Sotsky. "How Do You Learn to Walk? Thousands of Steps and Dozens of Falls per Day." *Psychological Science* 23, no. 11 (2012): 1387–94. https://doi.org/10.1177/0956797612446346.

- Alberini, Cristina M. "Long-Term Memories: The Good, the Bad, and the Ugly." *Cerebrum* 2010, no. 21 (October 29, 2010). https://doi.org/ https://www.ncbi.nlm.nih.gov/pmc/articles/PMC3574792/.

- Alderson-Day, Ben, Susanne Weis, Simon McCarthy-Jones, Peter Moseley, David Smailes, and Charles Fernyhough. "The Brain's Conversation with Itself: Neural Substrates of Dialogic Inner Speech." *Social Cognitive and Affective Neuroscience* 11, no. 1 (2015): 110–20. https://doi.org/10.1093/scan/nsv094.

- Amabile, Teresa, and Steven Kramer. *The Progress Principle: Using Small Wins to Ignite Joy, Engagement, and Creativity at Work.* Boston, MA: Harvard Business Review Press, 2011.

- Baldwin, David V. "Primitive Mechanisms of Trauma Response: An Evolutionary Perspective on Trauma-Related Disorders." *Neuroscience & Biobehavioral Reviews* 37, no. 8 (2013): 1549–66. https://doi. org/10.1016/j.neubiorev.2013.06.004.

- Beck, Melinda. "'Neurobics' and Other Brain Boosters." *The Wall Street Journal*. Dow Jones & Company, June 3, 2008. https://www.wsj.com/ articles/SB121242675771838337.

- Binazir, Dr. Ali. "Why You Are A Miracle." HuffPost. HuffPost, August 16, 2011. https://www.huffpost.com/entry/probability-being-born_ b_877853.

- Bohn, Roger, and James Short. "Measuring Consumer Information." *International Journal of Communication* 6 (2012): 980–1000.

- Bolte, Annette, Thomas Goschke, and Julius Kuhl. "Emotion and Intuition. "*Psychological Science* 14, no. 5 (2003): 416–21. https://doi.org/10.1111/1467-9280.01456.

- Breit, Sigrid, Aleksandra Kupferberg, Gerhard Rogler, and Gregor Hasler. "Vagus Nerve as Modulator of the Brain–Gut Axis in Psychiatric and Inflammatory Disorders." *Frontiers in Psychiatry* 9 (2018). https://doi.org/10.3389/fpsyt.2018.00044.

- Brown, Brené. *I Thought It Was Just Me (but It Isn't): Telling the Truth About Perfectionism, Inadequacy, and Power.* New York: Gotham Books, 2008.

- Cascio, Christopher N., Matthew Brook O'Donnell, Francis J. Tinney, Matthew D. Lieberman, Shelley E. Taylor, Victor J. Strecher, and Emily B. Falk. "Self-Affirmation Activates Brain Systems Associated with Self-Related Processing and Reward and Is Reinforced by Future Orientation." *Social Cognitive and Affective Neuroscience* 11, no. 4 (2015): 621–29. https://doi.org/10.1093/scan/nsv136.

- Cheval, Boris, Eda Tipura, Nicolas Burra, Jaromil Frossard, Julien Chanal, Dan Orsholits, Rémi Radel, and Matthieu P. Boisgontier. "Avoiding Sedentary Behaviors Requires More Cortical Resources than Avoiding Physical Activity: An EEG Study." *Neuropsychologia* 119 (2018): 68–80. https://doi.org/10.1016/j.neuropsychologia.2018.07.029.

- Christakis, Nicholas A., and James H. Fowler. *Connected: The Surprising Power of Our Social Networks and How They Shape Our Lives.* New York, NY: Little, Brown, 2011.

調校心態
*The High 5 Habit*

- Creswell, J. David, Janine M. Dutcher, William M. Klein, Peter R. Harris, and John M. Levine. "Self-Affirmation Improves Problem-Solving under Stress." PLoS ONE 8, no. 5 (2013). https://doi.org/10.1371/journal.pone.0062593.

- Cross, Ainslea, and David Sheffield. "Mental Contrasting as a Behaviour Change Technique: a Systematic Review Protocol Paper of Effects, Mediators and Moderators on Health." *Systematic Reviews* 5, no. 1 (2016). https://doi.org/10.1186/s13643-016-0382-6.

- David, Meredith, and Kelly Haws. "Saying 'No' to Cake or 'Yes' to Kale: Approach and Avoidance Strategies in Pursuit of Health Goals." *Psychology & Marketing*, 33, no. 8 (2016): 588–549. https://doi.org/10.1002/mar.20901.

- Di Stefano, Giada, Bradley Staats, Gary Pisano, and Francesca Gino. "Learning By Thinking: How Reflection Improves Performance." Harvard Business School. Harvard Business School Working Knowledge, April 11, 2014. https://hbswk.hbs.edu/item/7498.html.

- Duhigg, Charles. *The Power of Habit: Why We Do What We Do in Life and Business*. New York, NY: Random House, 2014.

- Eagleman, David. *Livewired: The Inside Story of the Ever-Changing Brain*. New York: Pantheon Books, 2020.

- Erdelez, Sandra. "Information Encountering: It's More Than Just Bumping into Information." *Bulletin of the American Society for Information Science and Technology* 25, no. 3 (2005): 26–29. https://doi.org/10.1002/bult.118.

- Etxebarria, I., M. J. Ortiz, S. Conejero, and A. Pascual. "Intensity of habitual guilt in men and women: Differences in interpersonal sensitivity and the tendency towards anxious-aggressive guilt." *Spanish Journal of Psychology* 12, no. 2 (2009): 540-554.

- Ferriss, Timothy. *Tools of Titans: The Tactics, Routines, and Habits of Billionaires, Icons, and World-Class Performers*. Boston: Houghton Mifflin Harcourt, 2017.

- Firestone, Lisa. "How Do Adverse Childhood Events Impact Us?" Psychology Today. Sussex Publishers, November 12, 2019. https://www. psychologytoday.com/us/blog/compassion-matters/201911/how-do-adverse-childhood-events-impact-us.

- Fitzpatrick, John L., Charlotte Willis, Alessandro Devigili, Amy Young, Michael Carroll, Helen R. Hunter, and Daniel R. Brison. "Chemical Signals from Eggs Facilitate Cryptic Female Choice in Humans." *Proceedings of the Royal Society B: Biological Sciences* 287, no. 1928 (2020): 20200805. https://doi.org/10.1098/rspb.2020.0805.

- Fogg, B. J. *Tiny Habits: The Small Changes That Change Everything*. Boston: Mariner Books, Houghton Mifflin Harcourt, 2020.

- Fredrickson, Barbara L., and Marcial F. Losada. "Positive Affect and the Complex Dynamics of Human Flourishing." *American Psychologist* 60, no. 7 (2005): 678–86. https://doi.org/10.1037/0003-066x.60.7.678.

- Gabrieli, John, Rachel Foster, and Eric Falke. "A Novel Approach to Improving Reading Fluency." Carroll School. Carroll School, May 28, 2019. https://www.carrollschool.org/dyslexia-news-blog/blog-detail-page/~board/dyslexia-news/post/a-novel-approach-to-improving-reading-fluency.

- Gabrieli, John. "Brain Imaging, Neurodiversity, and the Future of Dyslexia Education." Carroll School. Carroll School, October 1, 2019. https://www.carrollschool.org/dyslexia-news-blog/blog-dtail-page/~board/dyslexia-news/post/brain-imaging-neurodiversity-future-of-dyslexia-education.

- Gallo, Amy, Shawn Achor, Michelle Gielan, and Monique Valcour. "How Your Morning Mood Affects Your Whole Workday." Harvard Business Review. Harvard Business School Publishing, October 5, 2016. https://hbr.org/2016/07/how-your-morning-mood-affects-your-whole-workday

- Howland, Robert H. "Vagus Nerve Stimulation." *Current Behavioral Neuroscience Reports* 1, no. 2 (2014): 64–73. https://doi.org/10.1007/s40473-014-0010-5.

- Hyun, Jinshil, Martin J. Sliwinski, and Joshua M. Smyth. "Waking Up on the Wrong Side of the Bed: The Effects of Stress Anticipation on Working Memory in Daily Life." *The Journals of Gerontology: Series B*, 74, no. 1 (2019): 38–46. https://doi.org/ 10.1093/geronb/gby042.

- Jarrett, Christian. "The Science of How We Talk to Ourselves in Our Heads." The British Psychological Society Research Society. The British Psychological Society, July 30, 2016. https://digest.bps.org.uk/2013/12/05/the-science-of-how-we-talk-to-ourselves-in-our-heads/.

- Katz, Lawrence, Gary Small, Manning Rubin, and David Suter. *Keep Your Brain Alive: 83 Neurobic Exercises To Help Prevent Memory Loss And Increase Mental Fitness*. New York: Workman Publishing Company, 2014.

- Kelly, Allison C., Kiruthiha Vimalakanthan, and Kathryn E. Miller. "Self-Compassion Moderates the Relationship between Body Mass

Index and Both Eating Disorder Pathology and Body Image Flexibility." *Body Image* 11, no.4 (2014): 446–53. https://doi.org/10.1016/j.bodyim.2014.07.005.

• Kensinger, Elizabeth A. "Negative Emotion Enhances Memory Accuracy." *Current Directions in Psychological Science* 16, no. 4 (2007): 213–18. https://doi.org/10.1111/j.1467-8721.2007.00506.x.

• Kluger, Jeffrey. "How Telling Stories Makes Us Human: It's a Key to Evolution." *Time*. Time, December 5, 2017. https://time.com/5043166/storytelling-evolution/.

• Kraus, Michael W., Cassey Huang, and Dacher Keltner. "Tactile Communication, Cooperation, and Performance: An Ethological Study of the NBA." *Emotion* 10, no. 5 (2010): 745–49. https://doi.org/10.1037/a0019382.

• Kross, Ethan, Emma Bruehlman-Senecal, Jiyoung Park, Aleah Burson, Adrienne Dougherty, Holly Shablack, Ryan Bremner, Jason Moser, and Ozlem Ayduk. "Self-Talk as a Regulatory Mechanism: How You Do It Matters." *Journal of Personality and Social Psychology* 106, no. 2 (2014): 304–24. https://doi.org/10.1037/a0035173.

• LaMotte, Sandee. "The Other 'Fingerprints' You Don't Know About." CNN. Cable News Network, December 4, 2015. https://www.cnn.com/2015/12/04/health/unique-body-parts.

• Lane, Andrew M., Peter Totterdell, Ian MacDonald, Tracey J. Devonport, Andrew P. Friesen, Christopher J. Beedie, Damian Stanley, and Alan Nevill. "Brief Online Training Enhances Competitive Performance: Findings of the BBC Lab UK Psychological Skills Intervention Study." *Frontiers in Psychology* 7 (2016). https://doi.org/10.3389/

fpsyg.2016.00413.

- Leary, Mark R., Eleanor B. Tate, Claire E. Adams, Ashley Batts Allen, and Jessica Hancock. "Self-Compassion and Reactions to Unpleasant Self-Relevant Events: The Implications of Treating Oneself Kindly." *Journal of Personality and Social Psychology* 92, no. 5 (2007): 887–904. https://doi.org/10.1037/0022-3514.92.5.887.

- LePera, Nicole. *How to Do the Work: Recognize Your Patterns, Heal from Your Past, and Create Your Self.* New York, NY: Harper Wave, an imprint of HarperCollinsPublishers, 2021.

- Levine, Peter A., and Gabor Mate. *In an Unspoken Voice: How the Body Releases Trauma and Restores Goodness.* Berkeley, CA: North Atlantic Books, 2010.

- Madon, Stephanie, Max Guyll, Kyle C. Scherr, Jennifer Willard, Richard Spoth, and David L. Vogel. "The Role of the Self-Fulfilling Prophecy in Young Adolescents' Responsiveness to a Substance Use Prevention Program." *Journal of Applied Social Psychology* 43, no. 9 (2013): 1784–98. https://doi.org/10.1111/jasp.12126.

- Masicampo, E. J., and Roy F. Baumeister. "Consider It Done! Plan Making Can Eliminate the Cognitive Effects of Unfulfilled Goals." *Journal of Personality and Social Psychology* 101, no. 4 (2011): 667–83. https://doi.org/10.1037/a0024192.

- Masicampo, E.J., and Roy F. Baumeister. "Unfulfilled Goals Interfere with Tasks That Require Executive Functions." *Journal of Experimental Social Psychology* 47, no. 2 (2011): 300–311. https://doi.org/10.1016/j.jesp.2010.10.011.

• Morris, Bradley J., and Shannon R. Zentall. "High Fives Motivate: the Effects of Gestural and Ambiguous Verbal Praise on Motivation." *Frontiers in Psychology* 5 (2014). https://doi.org/10.3389/fpsyg.2014.00928.

• Moser, Jason S., Adrienne Dougherty, Whitney I. Mattson, Benjamin Katz, Tim P. Moran, Darwin Guevarra, Holly Shablack, et al. "Third-Person Self-Talk Facilitates Emotion Regulation without Engaging Cognitive Control: Converging Evidence from ERP and FMRI." *Scientific Reports* 7, no. 1 (2017). https://doi.org/10.1038/s41598-017-04047-3.

• Mothes, Hendrik, Christian Leukel, Han-Gue Jo, Harald Seelig, Stefan Schmidt, and Reinhard Fuchs. "Expectations affect psychological and neurophysiological benefits even after a single bout of exercise." *Journal of Behavioral Medicine*, 40 (2017): 293–306. https://doi.org/10.1007/s10865-016-9781-3.

• Nadler, Ruby T., Rahel Rabi, and John Paul Minda. "Better Mood and Better Performance: Learning Rule Described Categories Is Enhanced by Positive Mood." *Psychological Science*, 21, no. 12 (2010) 1770–1776 https://doi.org/10.1177/0956797610387441.

• Oettingen, Gabriele, Doris Mayer, A. Timur Sevincer, Elizabeth J. Stephens, Hyeon-ju Pak, and Meike Hagenah. "Mental Contrasting and Goal Commitment: The Mediating Role of Energization." *Personality and Social Psychology Bulletin* 35, no. 5 (2009): 608–22. https://doi.org/10.1177/0146167208330856.

• Oettingen, Gabriele, Hyeon-ju Pak, and Karoline Schnetter. "Self-Regulation of Goal-Setting: Turning Free Fantasies about the Future into

Binding Goals." *Journal of Personality and Social Psychology* 80, no. 5 (2001): 736–53. https://doi.org/10.1037/0022-3514.80.5.736.

- Pham, Lien B., and Shelley E. Taylor. "From Thought to Action: Effects of Process-Versus Outcome-Based Mental Simulations on Performance." *Personality and Social Psychology Bulletin* 25, no. 2 (1999): 250–60. https://doi.org/10.1177/0146167299025002010.

- Ranganathan, Vinoth K., Vlodek Siemionow, Jing Z. Liu, Vinod Sahgal, and Guang H. Yue. "From Mental Power to Muscle Power—Gaining Strength by Using the Mind." *Neuropsychologia* 42, no. 7 (2004): 944–56. https://doi.org/10.1016/j.neuropsychologia.2003.11.018.

- Richards, David A., David Ekers, Dean McMillan, Rod S. Taylor, Sarah Byford, Fiona C. Warren, Barbara Barrett, et al. "Cost and Outcome of Behavioural Activation versus Cognitive Behavioural Therapy for Depression (COBRA): a Randomised, Controlled, Non-Inferiority Trial." *The Lancet* 388, no.10047 (2016): 871–80. https://doi.org/10.1016/ s0140-6736(16)31140-0.

- Robbins, Mel. *The 5 Second Rule: Transform Your Life, Work, and Confidence with Everyday Courage.* Brentwood: Savio Republic, 2017.

- Roberts Gibson, Kerry, Kate O'Leary, and Joseph R. Weintraub. "The Little Things That Make Employees Feel Appreciated." Harvard Business Review. Harvard Business School Publishing, January 24, 2020. https://hbr.org/2020/01/the-little-things-that-make-employees-feel-appreciated.

- Rogers, T. and K. L. Milkman. "Reminders Through Association." *Psychological Science*, 27, no. 7 (2016): 973–986. https://doi.org/10.1177/0956797616643071.

- Rosenberg, Stanley. *Accessing the Healing Power of the Vagus Nerve: Self-Help Exercises for Anxiety, Depression, Trauma, and Autism.* Berkeley, CA: North Atlantic Books, 2016.

- Rothbard, Nancy P., and Steffanie L. Wilk. "Waking Up on the Right or Wrong Side of the Bed: Start-of-Workday Mood, Work Events, Employee Affect, and Performance." *Academy of Management Journal* 54, no. 5 (2012). https://doi.org/10.5465/amj.2007.0056.

- Runfola, Cristin D., Ann Von Holle, Sara E. Trace, Kimberly A. Brownley, Sara M. Hofmeier, Danielle A. Gagne, and Cynthia M. Bulik. "Body Dissatisfaction in Women Across the Lifespan: Results of the UNC-SELFand Gender and Body Image (GABI) Studies." *European Eating Disorders Review* 21, no. 1 (2012): 52–59. https://doi.org/10.1002/erv.2201.

- Sbarra, David A., Hillary L. Smith, and Matthias R. Mehl. "When Leaving Your Ex, Love Yourself: Observational Ratings of Self-Compassion Predict the Course of Emotional Recovery Following Marital Separation." *Psychological Science* 23, no. 3 (2012): 261–69. https://doi.org/10.1177/0956797611429466.

- Seligman, Martin. *Authentic Happiness: Using the New Positive Psychology to Realize Your Potential for Lasting Fulfillment.* New York: Atria Paperback, 2013.

- Taylor, Sonya Renee. *The Body Is Not an Apology: The Power of Radical SelfLove.* Oakland, CA: Berrett-Koehler Publishers, Inc., 2021.

- Texas A&M University. "Can You Unconsciously Forget an Experience?" ScienceDaily. ScienceDaily, December 9, 2016. https://www.sciencedaily.com/releases/2016/12/161209081154.htm.

- *The Power of Story, with Kendall Haven.* YouTube. ABC-CLIO, 2010. https://youtu.be/zIwEWw-Mymg.

- Torstveit, Linda, Stefan Sütterlin, and Ricardo Gregorio Lugo. "Empathy, Guilt Proneness, and Gender: Relative Contributions to Prosocial Behaviour." *Europe's Journal of Psychology* 12, no. 2 (2016): 260–70. https://doi.org/10.5964/ejop.v12i2.1097.

- Traugott, John. "Achieving Your Goals: An Evidence-Based Approach." Michigan State University. Michigan State University, January 13, 2021. https://www.canr.msu.edu/news/achieving_your_goals_an_evidence_based_approach.

- University of Hertfordshire. "Self-Acceptance Could Be the Key to a Happier Life, Yet It's the Happy Habit Many People Practice the Least." ScienceDaily. ScienceDaily, March 7, 2014. https://www.sciencedaily.com/releases/2014/03/140307111016.htm.

- van del Kolk, Bessel. *The Body Keeps the Score: Brain, Mind, and Body in the Healing of Trauma.* New York, NY: Penguin Books, 2015.

- van der Kolk, Bessel, Alexander C. McFarlane, and Lars Weisæth, eds. *Traumatic Stress: The Effects of Overwhelming Experience on Mind, Body, and Society.* New York: Guilford Press, 2007.

- Wang, Yang, Benjamin F. Jones, and Dashun Wang. "Early-Career Setback and Future Career Impact." *Nature Communications* 10, no. 1 (2019). https://doi.org/10.1038/s41467-019-12189-3.

- Willis, Judy, and Jay McTighe. *Upgrade Your Teaching: Understanding by Design Meets Neuroscience.* ASCD, 2019.

- Willis, Judy. "Powerful Classroom Strategies From Neuroscience

Research." *Learning and the Brain Workshop*. Lecture presented at the Learning and the Brain Workshop. Accessed April 29, 2021. http://www.learningandthebrain.com/documents/WillisHandout.pdf.

- Willis, Judy. "The Neuroscience behind Stress and Learning." Nature Partner Journal Science of Learning. Nature Publishing Group, October 16, 2016. https://npjscilearncommunity.nature.com/posts/12735-the-neuroscience-behind-stress-and-learning.

- Willis, Judy. "Want Children to 'Pay Attention'? Make Their Brains Curious!" *Psychology Today*. Sussex Publishers, May 9, 2010. https://www.psychologytoday.com/us/blog/radical-teaching/201005/want-children-pay-attention-make-their-brains-curious.

- Willis, Judy. "What You Should Know About Your Brain." *Educational Leadership* 67, no. 4 (January 2010).

- Willis, Judy. RadTeach. Dr. Judy Willis. Accessed April 29, 2021. https://www.radteach.com/.

- Willis, Judy. *Research-Based Strategies to Ignite Student Learning: Insights from Neuroscience and the Classroom*. ASCD, 2020.

- Wiseman, Richard. *The Luck Factor*. New York: Miramax Books, 2003.

- Wolynn, Mark. *It Didn't Start with You: How Inherited Family Trauma Shapes Who We Are and How to End the Cycle*. New York: Penguin Books, 2017.

- Wood, Dustin, Peter Harms, and Simine Vazire. "Perceiver Effects as Projective Tests: What Your Perceptions of Others Say about You." *Journal of Personality and Social Psychology* 99, no. 1 (2010): 174–90. https://doi.org/10.1037/a0019390.

心|視野 心視野系列 096

# 調校心態

舉起手，伸開 5 指，跟自己擊掌，做自己最強的啦啦隊！
全球千萬網友實證的轉念習慣
The High 5 Habit: Take Control of Your Life with One Simple Habit

| | | |
|---|---|---|
| 作　　　　者 | | 梅爾・羅賓斯（Mel Robbins） |
| 譯　　　　者 | | 謝佳真 |
| 封 面 設 計 | | FE 工作室 |
| 內 文 排 版 | | 黃雅芬 |
| 責 任 編 輯 | | 黃韻璇 |
| 行 銷 企 劃 | | 陳豫萱 |
| 出版二部總編輯 | | 林俊安 |

| | | |
|---|---|---|
| 出　　版　　者 | | 采實文化事業股份有限公司 |
| 業 務 發 行 | | 張世明・林踏欣・林坤蓉・王貞玉 |
| 國 際 版 權 | | 林冠妤・鄒欣穎 |
| 印 務 採 購 | | 曾玉霞 |
| 會 計 行 政 | | 王雅蕙・李韶婉・簡佩鈺 |
| 法 律 顧 問 | | 第一國際法律事務所　余淑杏律師 |
| 電 子 信 箱 | | acme@acmebook.com.tw |
| 采 實 官 網 | | www.acmebook.com.tw |
| 采 實 臉 書 | | www.facebook.com/acmebook01 |

| | | |
|---|---|---|
| I S B N | | 978-986-507-746-4 |
| 定　　　　價 | | 450 元 |
| 初 版 一 刷 | | 2022 年 4 月 |
| 劃 撥 帳 號 | | 50148859 |
| 劃 撥 戶 名 | | 采實文化事業股份有限公司 |
| | | 104 台北市中山區南京東路二段 95 號 9 樓 |
| | | 電話：(02)2511-9798　傳真：(02)2571-3298 |

國家圖書館出版品預行編目資料

調校心態：舉起手,伸開 5 指,跟自己擊掌,做自己最強的啦啦隊!全球
千萬網友實證的轉念習慣 / 梅爾.羅賓斯 (Mel Robbins) 著;謝佳真譯. --
初版. – 台北市:采實文化, 2022.04
352 面; 14.8×21 公分. --（心視野系列;96）
譯自：The high 5 habit : take control of your life with one simple habit.
ISBN 978-986-507-746-4（平裝）

1.CST: 自我實現　2.CST: 自我肯定

177.2　　　　　　　　　　　　　　　　　　　111001647

| 廣 | 告 | 回 | 信 |
|---|---|---|---|
| 台 北 郵 局 登 記 證 |
| 台 北 廣 字 第 0 3 7 2 0 號 |
| 免 | 貼 | 郵 | 票 |

采實文化 采實文化事業股份有限公司

104台北市中山區南京東路二段95號9樓

**采實文化讀者服務部　收**

讀者服務專線：02-2511-9798

# THE HIGH 5 HABIT
## Take Control of Your Life with One Simple Habit

# 調校心態

**舉起手，伸開5指，跟自己擊掌，
做自己最強的啦啦隊！全球千萬網友實證的轉念習慣**

梅爾·羅賓斯 Mel Robbins 著　　謝佳真 譯

系列：心視野系列096
書名：**調校心態**

## 讀者資料（**本資料只供出版社內部建檔及寄送必要書訊使用**）：

1. 姓名：

2. 性別：□男　□女

3. 出生年月日：民國　　　年　　　月　　　日（年齡：　　　歲）

4. 教育程度：□大學以上　□大學　□專科　□高中（職）　□國中　□國小以下（含國小）

5. 聯絡地址：

6. 聯絡電話：

7. 電子郵件信箱：

8. 是否願意收到出版物相關資料：□願意　□不願意

## 購書資訊：

1. 您在哪裡購買本書？□金石堂　□誠品　□何嘉仁　□博客來

　　□墊腳石　□其他：＿＿＿＿＿＿＿＿＿＿＿＿＿（請寫書店名稱）

2. 購買本書日期是？＿＿＿＿年＿＿＿＿月＿＿＿＿日

3. 您從哪裡得到這本書的相關訊息？□報紙廣告　□雜誌　□電視　□廣播　□親朋好友告知

　　□逛書店看到　□別人送的　□網路上看到

4. 什麼原因讓你購買本書？□喜歡心理類書籍　□被書名吸引才買的　□封面吸引人

　　□內容好　□其他：＿＿＿＿＿＿＿＿＿＿＿＿＿＿＿＿＿（請寫原因）

5. 看過本書以後，您覺得本書的內容：□很好　□普通　□差強人意　□應再加強　□不夠充實

　　□很差　□令人失望

6. 對這本書的整體包裝設計，您覺得：□都很好　□封面吸引人，但內頁編排有待加強

　　□封面不夠吸引人，內頁編排很棒　□封面和內頁編排都有待加強　□封面和內頁編排都很差

## 寫下您對本書及出版社的建議：

1. 您最喜歡本書的特點：□實用簡單　□包裝設計　□內容充實

2. 關於心理領域的訊息，您還想知道的有哪些？

3. 您對書中所傳達的內容，有沒有不清楚的地方？

4. 未來，您還希望我們出版哪一方面的書籍？

@melrobbins

I can't get a good picture bu immediately saw a heart in my coffee 😍 @melrobbins

**I LOVE THIS!!!!**

When you change the way you see the world, the world you see changes.

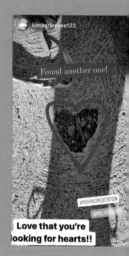

Found another one!

#MOVINGMEDITATION

**Love that you're looking for hearts!!**

Look for love, everywhere.

**LOVE THIS**

**@MELROBBINS**

CLEARLY MY MORNING MOCHA WANTED A LITTLE EXTRA MINDFULNESS AND HAPPINESS THIS MORNING! 🤍